Eva Wlodarek

Selbstvertrauen stärken und ausstrahlen

Eva Wlodarek

Selbstvertrauen stärken und ausstrahlen

KREUZ

Namen und andere Daten wurden von der Autorin verändert.

© KREUZ VERLAG
in der Verlag Herder GmbH, Freiburg im Breisgau 2014
Alle Rechte vorbehalten
www.kreuz-verlag.de

Umschlaggestaltung: Vogelsang Design
Umschlagmotiv: © Kaarsten – Fotolia.com

Satz: de·te·pe, Aalen
Herstellung: CPI books GmbH, Leck

Printed in Germany

ISBN 978-3-451-61301-2

Inhalt

Vorwort 9
Einführung: Schluss mit dem Scharlatan-Syndrom 11

1. Die Wurzeln der Unsicherheit

Frühe Einflüsse 20
(V)erwünschte Anpassung 22
Klassische Bremsen für das Selbstvertrauen 23
Entwicklung ist jederzeit möglich 31

2. Schlüsselreize – Turbo in die Vergangenheit

Wunde Punkte 36
Den wunden Punkt entkräften 40
Projektionen auflösen 42

3. Der innere Dialog

Die negative innere Stimme 46
Die Macht der inneren Kritikerin brechen 47
Der Gedankenfilter 50
Das Denken dauerhaft umpolen 51

4. Das Muster ändern

Der innere Auftrag 53
Die Folgen des Musters 61
Das Muster dauerhaft verändern 63
Training zur Veränderung 64
Der Gewinn für Ihr Selbstvertrauen 67

5. Schluss mit dem Perfektionismus!

Wie werden wir zu Perfektionistinnen?	69
Die Peitsche des Perfektionismus	70
Selbstvertrauen gegen den Perfektionismus	75
Selbstmitgefühl zeigen	77
Seien Sie perfekt – aber nicht perfektionistisch	80

6. Sich mit Selbstvertrauen durchsetzen

Allzu nette Menschen leben gefährlich	84
Nein sagen	90
Tipps für das diplomatische Neinsagen	92
Präzise Forderungen stellen	95
Manipulationen erkennen	100
Sich durchsetzen ohne schlechtes Gewissen	103

7. Sich in der Männerwelt positionieren

Männersprache – Frauensprache	107
Zweisprachigkeit im Job	112
Nonverbales Revierverhalten	115
Sich mit Körpersprache sichtbar machen	118
Die richtige Taktik im Spiel der Geschlechter	119

8. Mit Kränkungen souverän umgehen

Verbale Gemeinheiten selbstbewusst parieren	121
Top-Techniken zur Gegenwehr	124
Kränkungen klar begegnen	127
Auf schwere Verletzungen reagieren	129
Den Eigenanteil entdecken	134
Die Königsdisziplin: Verzeihen	136

9. Mit Selbstvertrauen Kontakte pflegen

Der Beziehungs-Check	139
Sich aus unbefriedigenden Beziehungen lösen	143
Gute Kontakte knüpfen	144
Die Kunst des souveränen Small Talks	145
Aktiv zuhören	147
Verbundenheit herstellen	149

10. Kleidung und Stil für das Selbstvertrauen

Der erste Eindruck	162
Wer bin ich?	163
Facetten für spezielle Auftritte	165
Der Erwartung entsprechen	166
Pflicht und Kür im Dresscode	168

11. Öffentliche Auftritte mit Selbstvertrauen meistern

Powersprache anwenden	171
Sich selbstbewusst zu Wort melden	174
Die kleine Rednerschule	177
Der Körper spricht mit	179
Wenn nur das Lampenfieber nicht wäre …	181
Übung macht die Meisterin	183

12. Selbstvertrauen trainieren

Mit einem Kompaktprogramm starten	187
Einen unsichtbaren Coach buchen	188
Erfolge feiern	191
Selbstvertrauen forever?	194

13. Mit Selbstvertrauen leben

Höchste Zeit für mehr Selbstvertrauen	198
Zurück in die Zukunft	199
Kosmische Unterstützung?	201
Das Geheimnis des Selbstvertrauens	204
Danksagung	206
Quellen und Literatur	207

Vorwort

Liebe Leserin,

ein Buch über Selbstvertrauen für Frauen? Warum nicht auch für Männer – haben die etwa genug davon? Nein, haben sie nicht. Auch von erfolgreichen Männern hörte ich schon den Satz, den viele Frauen aussprechen: »Wenn die wüssten, wie unsicher ich oft bin ...« Aber – und jetzt kommt der große Unterschied: Männer gehen anders mit mangelndem Selbstvertrauen um. Sie kompensieren es mit forschem Auftreten. Außerdem lassen sie sich nicht von Selbstzweifeln ausbremsen, sondern halten sich prinzipiell für fähig, ob es nun zutrifft oder nicht. Unsere weibliche Sozialisation dagegen führt zu einem anderen Verhalten. Wir sind mit uns besonders kritisch, streben perfektionistisch Bestleistungen an und betrachten uns erst als geeignet, wenn wir jahrelange Erfahrung aufweisen. Meist fühlen wir uns im Rampenlicht eher unwohl, zumal wir im Gegensatz zu den Männern mehr an der Sache als an Selbstdarstellung interessiert sind.

Vergleichsweise haben wir also schlechtere Karten. Das muss jedoch keineswegs so bleiben. Wir brauchen in puncto Selbstvertrauen eine eigene Anleitung und spezielles Knowhow, um etwas zu verändern. Das möchte ich Ihnen mit diesem Buch geben. Und wie es meine Art ist, reicht mir dabei keine äußere Kosmetik nach dem Motto »So wirken Sie garantiert selbstsicher«. Ich finde: Sie haben es verdient, nicht nur selbstsicher zu *wirken*, sondern es auch zu *sein*. Deshalb gehen wir zunächst gründlich an die Wurzeln, damit Sie überholte Muster auflösen und echtes Selbstvertrauen aufbauen. Dazu gehört auch, der inneren Kritikerin den Mund zu verbieten, verunsichernde Schlüsselreize zu löschen und Perfektionismus abzubauen. Anschließend bekommen Sie praktisches Handwerkszeug, um es auf allen Gebieten erfolgreich einzusetzen. Sie erhöhen unter anderem Ihre Fähigkeit

- sich durchzusetzen, auch in einer von Männern dominierten Umgebung,
- klar zu fordern, was Sie haben wollen,
- Nein zu sagen und Grenzen zu ziehen,
- mit Kränkungen souverän umzugehen,
- gute Kontakte zu knüpfen und zu pflegen,
- wirkungsvoll öffentlich aufzutreten.

Die Chancen sind hoch, dass Sie von der Lektüre einen großen Gewinn haben, für Ihre **Persönlichkeit,** für Ihren **Beruf** und für Ihr **Privatleben.**

Ich freue mich auf unsere gemeinsame Arbeit und vor allem darauf, dass Sie endlich glauben, dass Sie großartig sind, und das auch allen zeigen!

Herzlichst

Ihre Eva Wlodarek

Einführung:
Schluss mit dem Scharlatan-Syndrom

Kürzlich war ich als Referentin zu einer Tagung in Wien eingeladen. Es ging um das Thema »Glück«. Vor meinem Vortrag stand die Lesung einer bekannten Autorin, die ein Buch über Lebensfreude geschrieben hatte, auf dem Programm. Zufällig saßen wir nebeneinander. Bevor es losging, erzählte sie mir mit ungewöhnlicher Offenheit, dass sie sich im Rampenlicht furchtbar unsicher fühlte. In der Nacht vorher habe sie kaum geschlafen, sie bereue schon, sich überhaupt darauf eingelassen zu haben. Bestimmt würde sie grandios scheitern. Dann kam ihr Auftritt. Auf der Bühne sah man eine selbstsichere Frau, die locker aus ihrem Buch las und das Publikum mit Humor und Lebensklugheit begeisterte. Sie bekam langen Applaus. Während ich mitklatschte, hatte ich noch ihre zaghaften Worte im Ohr und dachte: »Willkommen im Club!«

Offenbar gehörte auch sie zu dem heimlichen Netzwerk von Frauen, die sich ihrer Großartigkeit nicht bewusst sind. Tatsächlich gilt für die meisten von uns: Wir unterschätzen uns. Mit festem Blick auf unsere Lücken, Mängel und Schwächen – die wir natürlich sehr genau kennen –, fühlen wir uns gegenüber unserer Umwelt manchmal wie Betrügerinnen. Die anderen halten uns zwar für kompetent, selbstsicher, souverän und durchsetzungsfähig, aber denen spielen wir doch nur etwas vor. Würden sie erfahren, wie wenig wir in Wirklichkeit wissen oder können, wie ängstlich und unsicher wir im Grunde sind, dann würden sie uns ablehnen oder gar verachten.

Die Autorin auf der Tagung in Wien war wahrhaftig nicht die Erste, bei der ich dieses Phänomen beobachten konnte. Im Laufe vieler Jahre als Coach durfte ich hinter die Kulissen von Frauen schauen, die jeder Außenstehende als erfolgreich und selbstsicher bezeichnet hätte. In meinen Seminaren zum Thema Persönlichkeit und Ausstrahlung hörte ich von Teilnehmerinnen immer wieder den gleichen Kommentar: »Am Anfang habe ich spontan gedacht: Was wollen denn diese tollen Frauen hier?« Die Richterin, die mit ihrer klaren Art beeindruckt. Die Kosmetikerin, die in ihrem Studio ständig ausgebucht ist. Die PR-Lady, deren originelle Ideen die Events der Konkurrenz fade wirken lassen. Die Managerin, die innerhalb kürzester Zeit für ihre Firma internationale Standorte eingerichtet hat. Die Keramikerin, die schon in Museen ausgestellt hat. Die Liste ließe sich noch lange weiterführen. Alle diese Frauen sahen die Ergebnisse ihrer Arbeit durchaus positiv, aber das reichte nicht aus, um von sich selbst überzeugt zu sein.

Manche »Clubmitglieder« führen ihren Erfolg nur zu einem kleinen Teil auf eigene Anstrengungen zurück. Ihre Erklärungen für ihre Verdienste klingen dann so: »Da habe ich Glück gehabt!«, »Ich war zur richtigen Zeit am richtigen Ort«, »Mein Chef mochte mich und hat mich großzügig gefördert«, »Das lag mir halt.« Andere sind der Ansicht, dass sie ihre Umgebung mit Qualitäten täuschen, die sie in Wahrheit nicht in ausreichendem Maße besitzen. Wie es eine Immobilienmaklerin ausdrückte: »Ich spiele die selbstsichere Wohnungsvermittlerin und die Kunden nehmen mir das ab.« Eine Informatikerin formulierte kurz und knapp: »Ich fake.« Wohlgemerkt handelt es sich dabei immer um seriöse und engagierte Frauen, die beruflich niemals falsche Angaben machen würden. Ihr vermeintlicher Betrug bezieht sich nur auf sie selbst. Diese bei Frauen weitverbreitete Einstellung hat einen Namen: das Scharlatan-Syndrom.

Per Definition ist ein Scharlatan jemand, der vorgibt, ein bestimmtes Wissen oder bestimmte Fähigkeiten zu besitzen, und damit andere täuscht. In diesem Fall allerdings glauben die Betroffenen, dass sie ihrer Umgebung etwas vormachen, ohne dass es tatsächlich der Fall ist. Frauen, die unter dem Scharlatan-Syndrom leiden, verhalten sich nach der Devise: »Ich bin nicht gut genug, und das darf niemand wissen.« Das zeigt sich dann in individuellen Facetten, etwa diesen:

- Sie geben die Power-Frau, die alles hinkriegt und der nichts zu viel ist.
- Sie zeigen keine Schwäche. Lächeln, auch wenn die Ablehnung oder Entwertung wehtut. Heulen kann man zu Hause.
- Sie sind Perfektionistinnen. Selbst unbedeutende E-Mails werden formuliert, als ob man den Pulitzerpreis damit gewinnen müsste.
- Sie bereiten sich akribisch vor und kontrollieren mehrfach.
- Sie geben sich unnahbar, damit niemand sie kränken kann. Gerne Small Talk, aber bitte keine persönlichen Gespräche.
- Sie erscheinen optisch immer tadellos, von der Maniküre bis zum Designerkostüm.

Das Gefühl, trotz aller Erfolge nicht gut genug zu sein, lässt sich nicht immer geschickt kaschieren. Oft führt es zu Verhaltensweisen, mit denen sich selbst tüchtige und begabte Frauen sabotieren: Sie bleiben lieber in der zweiten Reihe und vermeiden Situationen, in denen sie im Mittelpunkt stehen. Chancen schlagen sie aus, weil sie sich dafür noch nicht reif oder ausgebildet genug fühlen. Obwohl sie viel leisten, fordern sie kein entsprechendes Gehalt oder Honorar, weil sie meinen, sie müssten ihren Wert erst beweisen. Sie passen sich zu sehr an, um akzeptiert zu werden, und lassen sich von Kritik völlig verunsichern.

Bei manchen Frauen zeigt sich die innere Unsicherheit nicht durchgängig. Normalerweise fühlen sie sich durchaus als Herrin der Lage und agieren selbstsicher. Erst bei ungewohnten Herausforderungen oder wenn ein wunder Punkt berührt wird, kommt das mangelnde Selbstvertrauen zum Vorschein.

So ging es einer Kollegin von mir, einer erfahrenen Verhaltenstherapeutin mit eigener Praxis. Sie war auf einem Psychotherapie-Kongress zu einer Podiumsdiskussion eingeladen, vermutlich im Zuge der Frauenquote. Die übrigen Gäste waren ein Professor, der jahrelange Forschung vorweisen konnte, ein Autor, der ein 400-seitiges Fachbuch verfasst hatte, und ein bekannter Psychoanalytiker. Die Herren überboten sich mit theoretischen Erörterungen und Verweisen auf spezielle amerikanische Studien. Anstatt sich nun souverän zu sagen: »Diese verkopfte Gruppe braucht unbedingt meine praktische Sichtweise als Gegengewicht«, kam meine Kollegin sich immer ungenügender vor. Sie fühlte sich dem intellektuellen Gremium nicht gewachsen und machte kaum noch den Mund auf. Da halfen keine jahrelange Ausbildung und kein beruflicher Erfolg. Sie war heilfroh, als die Veranstaltung vorbei war.

Die unterschiedlichen Erscheinungsformen des Scharlatan-Syndroms haben den gleichen Hintergrund: Wir erkennen unsere eigene Größe nicht. Wir ignorieren unsere Einzigartigkeit und Schönheit. Ich behaupte, dass das für die meisten von uns gilt.

Jeweils zu Beginn meines Vortrags »Mich übersieht keiner mehr. Größere Ausstrahlung gewinnen« mache ich die Stichprobe. Ich bitte darum, dass diejenigen aufstehen, die sich für großartig und einmalig halten. Egal, um welche Stadt es sich handelt, im Saal sind es immer nur wenige Frauen, die sich hinstellen. Außerdem ist ihren Gesichtern anzusehen, dass sie sich dabei nicht besonders wohlfühlen, manche schauen trotzig oder verlegen. Ich finde dieses magere Ergebnis unglaublich schade. Mein großer Wunsch ist es, dass sich eines Tages bei meiner Aufforderung das gesamte weibliche Publikum erhebt. Aber ich weiß wohl, wie schwer es fällt, sich die eigene Großartigkeit einzugestehen, geschweige denn, sie auch noch öffentlich zu vertreten. Dabei hat es nichts mit Größenwahn zu tun, sich einzigartig zu finden. Es bedeutet keineswegs, dass wir fehlerfrei sind, hochbegabt, mit besonderen Talenten gesegnet oder perfekt ausgebildet sind. Es bedeutet einfach, endlich die Wahrheit anzuerkennen: Niemand auf der Welt ist so wie wir. Grund genug, stolz auf uns zu sein, anstatt wie das Kaninchen vor der Schlange nur auf das zu schauen, was wir nicht bieten können.

Auf einer Postkarte las ich den humorvollen Spruch »Kopf hoch, Prinzessin, sonst rutscht die Krone«. Das passt. Wir müssen endlich unseren Wert erkennen und den Kopf entsprechend hoch tragen.

Horchen Sie in sich hinein. Glauben Sie im Grunde Ihres Herzens, dass Sie fähig, begabt und kompetent sind, obwohl Sie längst nicht alles wissen und können? Dass Sie liebenswert sind, auch ohne dass Sie sich dafür anstrengen müssen? Dass Sie ein wertvoller Mensch sind? Dass Sie Respekt verdienen, und zwar von jedem? Dass Sie schön sind, genau so, wie Sie aussehen? Wenn Sie nicht jede dieser Fragen freudig bejahen, dann gibt es Nachholbedarf in puncto Selbstvertrauen. Lassen Sie uns gemeinsam daran arbeiten, das Bewusstsein für Ihre Großartigkeit zu wecken. Das geht nicht per Knopfdruck, sondern ist ein Prozess. Er verlangt, dass Sie bereit sind, Ihr Denken zu verändern und alte Muster innen und außen loszulassen. Das wird sich auf Ihr Verhalten, Ihr Handeln, Ihr Sprechen, ja sogar auf Ihr Äußeres auswirken.

Was Sie von dem ganzen Aufwand haben? Das Gefühl für Ihre Größe trägt Sie bei Herausforderungen, denn Sie wissen: Selbst wenn ich scheitere oder Fehler mache, bin ich immer noch ein wunderbarer Mensch. Dadurch eröffnen sich Ihnen Chancen, weil der Sinn für die eigene Bedeutung

Sie mutig macht, Unbekanntes auszuprobieren. Das Bewusstsein Ihrer Großartigkeit wird Ihnen das tägliche Leben erleichtern, denn Sie wissen, was Sie wollen, und treten souverän auf. Sie sind gegen Anfeindungen gewappnet, weil Sie niemandem erlauben, Sie kleinzumachen. Kurz, Sie spüren eine nie gekannte Freiheit und Gelassenheit.

Aber das ist noch nicht alles – und jetzt wird es spirituell. Erst im Status der Großartigkeit können Sie die Mission vollständig erfüllen, für die Sie auf dieser Erde sind. Mit Ihrer individuellen Mischung von genetischer Anlage und erworbenen Fähigkeiten gibt es nämlich eine Lebensaufgabe, für die niemand besser geeignet ist. Sie ist nicht an einen bestimmten Beruf gebunden, obwohl einige Berufsfelder dafür meist besonders passend sind. Vielmehr lässt sie sich in Oberbegriffe fassen wie Heilen, Helfen, Lehren, Forschen, Erfinden, Entdecken, Erziehen, Unterstützen, Vermitteln, Führen, künstlerischer Ausdruck oder Gestalten.

Die konkrete Umsetzung dieser Aufgabe muss keineswegs spektakulär sein. Es geht nicht unbedingt darum, ein Medikament gegen Krebs zu entdecken, den Nobelpreis für Literatur zu gewinnen oder mit fantastischen Erfindungen das Internet zu revolutionieren – obwohl natürlich auch das möglich ist! Vielleicht handelt es sich eher darum, eine mitfühlende Ärztin in einem technisierten, anonymen Krankenhaus zu sein, als Lektorin mit besonderem Gespür für literarische Qualität unbekannten Autoren eine Chance zu geben oder als IT-Expertin für die Firma zeitsparende Ideen zu entwickeln. Oder eine liebevolle Mutter, eine inspirierende Trainerin, eine präzise Dolmetscherin zu sein. Sicher, die gleichen Jobs erledigen auch viele andere, aber eben nicht genau so wie Sie.

Falls Sie Ihre spezielle Aufgabe noch nicht gefunden haben, machen Sie sich keine Sorgen, es ist nie zu spät. In dem Büchlein »Grüße vom Universum« sagt der Autor Mike Dooley in einem seiner Aphorismen: »Der beste Beweis dafür, dass deine Aufgabe noch nicht erledigt ist, ist, dass du noch hier bist.« Möglicherweise finden Sie ja Ihren angemessenen Platz erst, wenn Sie Ihre Großartigkeit anerkennen, weil Sie sich dann endlich trauen, Ihren Weg zu gehen. Sagen Sie sich in jedem Fall: »Die Welt braucht mich!« Warum wären Sie sonst hier?

Eine der schönsten Ermutigungen, die eigene Großartigkeit zu entdecken und zu zeigen, hat Nelson Mandela 1994 in seiner berühmten Antrittsrede zitiert. Die Verse stammen von der amerikanischen Pastorin Marianne Williamson, aus ihrem Buch »A Return to Love«. Von daher ist darin auch von Gott die Rede. Falls Sie das stört, setzen Sie einfach den Begriff »Schöpfung« oder »Universum« dafür ein oder einen anderen, der Ihnen passend erscheint. Aber lassen Sie sich die Worte auf der Zunge zergehen und nehmen Sie sie in Ihr Herz:

Unsere größte Angst ist nicht, dass wir unzulänglich sind.
Unsere größte Angst ist, dass wir unermesslich stark sind.
Es ist unser Licht, das wir fürchten, nicht unsere Dunkelheit.
Wir fragen uns, wer bin ich denn, dass ich brillant, großartig, talentiert und begnadet sein kann?
Ja, wer bist du eigentlich, dass du es nicht sein dürftest?
Du bist ein Kind Gottes. Dich klein zu machen dient der Welt nicht.
Es bringt nichts, sich ständig zurückzunehmen, nur damit sich andere in deiner Nähe nicht unsicher fühlen.
Wir sind geboren, um der Herrlichkeit Gottes, die in uns ist, Ausdruck zu verleihen. Sie ist nicht nur in manchen von uns, sie ist in jedem Einzelnen.
Und wenn wir unser Licht leuchten lassen, ermutigen wir andere Menschen dazu, dasselbe zu tun. Wenn wir von unserer eigenen Angst befreit sind, dann befreit unsere pure Gegenwart auch andere.

1. Die Wurzeln der Unsicherheit

Natürlich könnten wir jetzt sofort mit einem wirkungsvollen Training für mehr Selbstvertrauen beginnen. Das hätte bestimmt Erfolg, würde aber an dieser Stelle noch zu kurz greifen. Es wäre so, als ob wir beim Unkrautjäten nur die Blätter über der Erde abzupfen würden, anstatt auch die Wurzeln auszureißen. Das sieht eine Weile gut aus, ist aber nicht nachhaltig. Deshalb müssen wir zunächst die Ursachen dafür herausfinden, warum wir uns nicht für so großartig halten, wie wir tatsächlich sind. Dann wissen wir genauer, wo unsere wunden Punkte liegen und welche Knöpfchen andere erfolgreich drücken können, um uns zu verunsichern. Nach dem Motto »Gefahr erkannt, Gefahr gebannt« werden wir aufmerksam für unsere Gedanken, Gefühle und Verhaltensweisen und sind in der Lage, gegenzusteuern. Wir gewinnen die Kontrolle, anstatt passiv darunter zu leiden, dass das Gefühl der Unzulänglichkeit wieder einmal unerwartet auftaucht wie das Ungeheuer von Loch Ness.

Die Gründe unserer verborgenen Unsicherheit liegen fast immer weit zurück, in unserer Kindheit und Jugend. Sagen Sie bitte nicht, das sei doch Schnee von gestern, mit Ihrer Vergangenheit hätten Sie längst abgeschlossen. Eines ist sicher: In Ihnen lebt noch immer das Kind, das Sie einmal waren. Sämtliche Erinnerungen und die damit verbundenen Gefühle sind in Ihnen gespeichert und werden bei passender Gelegenheit wieder aktiv.

Frühe Einflüsse

Um herauszufinden, wie wir zu dem wurden, was wir heute sind, müssen wir notgedrungen bei unseren Wurzeln anfangen. Wenn wir nämlich verstehen wollen, weshalb wir uns heute in bestimmter Weise wahrnehmen und entsprechend reagieren, müssen wir uns zunächst die Frage stellen, wie wir diese Vorstellungen überhaupt aufgenommen haben.

Viele soziale und emotionale Einflüsse prägen uns schon in den ersten Lebensjahren. Dazu werden im Gehirn Schritt für Schritt komplizierte neuronale Netzwerke gebildet. Zunächst gilt das für alles, was im Körper des Säuglings passiert. Später, wenn die Sinnesorgane ausgereift sind, leiten auch sie Erregungsmuster zum Gehirn weiter, die sich zu immer komplexer werdenden inneren Bewegungs- und Handlungsbildern verbinden. Es ist also von Anfang an mächtig viel los zwischen uns und der Außenwelt. Trotzdem sind uns diese Erlebnisse später nicht präsent. Dass die meisten Erwachsenen sich kaum an Ereignisse erinnern können, die sich vor dem dritten Lebensjahr abgespielt haben, bezeichnet man als »infantile Amnesie«. Die Gründe dafür sind noch nicht vollständig geklärt, hängen aber offenbar mit noch nicht ausreichend entwickelten Hirnarealen zusammen. In der Psychologie spricht man von »impliziten«, unbewussten Erfahrungen. Die lassen sich später nur über einen Umweg erschließen. Für Louis Cozolino, Psychologie-Professor an der Pepperdine University in Kalifornien, spiegeln sie sich vor allem in unserem Wertgefühl wider, in der Art, wie wir mit uns selbst umgehen und wie wir uns von anderen behandeln lassen. Seiner Ansicht nach kommen wir uns auf die Spur, indem wir uns fragen: Habe ich das Gefühl, wichtig zu sein? Habe ich einen starken inneren Kritiker? Wie verhalte ich mich, wenn ich versage? Leide ich unter Scham? Perfektionstrieb? Die Antworten weisen eventuell darauf hin, dass wir schon sehr früh Verlustängste oder andere gravierende Einflüsse erlebt haben. Es lohnt sich deshalb, in der Familiengeschichte gründlich nachzuforschen, wie die ersten Lebensjahre verlaufen sind. Das erklärt möglicherweise einiges von dem, was uns an unserem gegenwärtigen Verhalten rätselhaft erscheint, weil uns keine konkrete Ursache dafür bekannt ist. So erfuhr Melanie, eine 39-jährige Zahnärztin, erst auf intensive Nachfrage, dass ihre Mutter an einer postnatalen Depression gelitten hatte und ihr Kind lange Zeit emotional nicht annehmen konnte. Für Melanie war das ein Aha-Erlebnis. Bisher war sie davon ausgegangen, dass sie bei ihrer später so liebevollen und überfürsorglichen Mutter schon als Säugling beste Bedingungen gehabt hatte. Nun sah sie eine Verbindung dazu, warum sie bisher kaum glauben konnte, dass jemand sie wirklich gern hatte.

Genauso bedeutsam wie die unbewussten sind die bewussten, die sogenannten »expliziten« Erfahrungen. Sie beginnen etwa ab dem dritten Lebensjahr, wenn das Kind sich als eigenständiges Wesen begreift. Von seiner Entwicklung her hat es nun die Fähigkeit erworben, die Reaktionen seiner Umwelt einzuordnen. Und das ist auch nötig, denn eines der stärksten menschlichen Bedürfnisse ist das nach Zugehörigkeit. Um die Zuneigung und Anerkennung seiner Umgebung zu gewinnen, muss sich das Kind deren Vorstellungen, Überzeugungen und Verhaltensweisen angleichen. Das bedeutet häufig, eigene Impulse, Bedürfnisse und Gefühle zu unterdrücken oder abzuspalten. Immer wenn es dem Kind gelingt, sich so zu verhalten, dass es Strafe vermeidet oder eine Belohnung erhält, kommt es im Gehirn zur Ausschüttung von Botenstoffen, die neuronale Verknüpfungen und synaptische Verschaltungen aktivieren. Auf diese Weise lernt das Kind nachhaltig, was akzeptabel ist und was nicht. Je öfter es diese Erfahrungen macht, desto intensiver prägen sie sich ein. Im Gehirn wird dann bildlich gesehen aus einem Trampelpfad eine Schnellstraße.

Eine weitere effektive Art, Haltungen und Einstellungen wichtiger Bezugspersonen zu übernehmen, besteht darin, sie zu imitieren. Möglich machen das die erst vor wenigen Jahren von dem italienischen Forscher Giacomo Rizzolati entdeckten Spiegelneuronen, Nervenzellen, die es erlauben, sich in einen anderen Menschen einzufühlen.

Ob es gut oder schlecht ist, was wir da aufnehmen, können wir zu diesem Zeitpunkt noch nicht beurteilen. Wir glauben einfach, dass die großen und mächtigen Erwachsenen recht haben mit dem, was sie uns vermitteln.

(V)erwünschte Anpassung

Das Kind weiß bald genau, was in seiner Umgebung gefragt ist und wie es sich verhalten muss, um Wohlwollen zu erreichen. Würde das »richtige« Verhalten allerdings allein davon abhängen, ob die Eltern gerade ein Auge darauf haben, hätte das fatale Folgen. Schlimmstenfalls würde es ihm wie Paulinchen im »Struwwelpeter« gehen. Sie erinnern sich? Trotz Warnung der Eltern zündelt Paulinchen in deren Abwesenheit mit Streichhölzern. Das traurige Ergebnis: »Verbrannt ist alles ganz und gar, das arme Kind mit Haut und Haar.« Damit wir als Kinder real und sozial überleben können, hat die Natur deshalb eine geniale Möglichkeit entwickelt: Indem wir die Werte und Normen unserer Umwelt verinnerlichen, sind wir in der Lage, sie jederzeit eigenständig abzurufen. Der ungarische Psychoanalytiker Sandor Ferenczi prägte dafür den Begriff »Introjektion«. Im Deutschen entspricht das dem leicht altmodisch klingenden Ausdruck »sich etwas einverleiben«. Allgemein versteht man darunter den Prozess, diejenigen Regeln als Eigenes aufzunehmen, die unserer Sozialisation dienen. Dank der Introjektion benötigen wir keine Anweisung von außen mehr, sondern erzählen uns in einem inneren Dialog selbst, was akzeptabel ist und was nicht.

Wie hervorragend das schon in früher Kindheit funktioniert, weiß ich aus eigener Erinnerung. Ich stamme aus einem Pastorenhaus. In meiner Kindheit war das Gottesbild noch von strenger Moral bestimmt. Tanzen und sich schminken etwa war bei frommen Christen als sündhaft verpönt. Meine Eltern waren zwar liberaler, passten sich aber wegen der Vorbildfunktion einer Pastorenfamilie weitgehend an. Als ich vier Jahre alt war, nahm mich eine Bekannte mit in ein Weihnachtsmärchen, »Peterchens Mondfahrt«. Ich war völlig fasziniert von den tanzenden Schauspielern in ihren bunten Kostümen. Ab sofort stand mein Berufswunsch fest: So etwas wollte ich werden! Doch schon auf dem Heimweg kamen mir heftige Bedenken. Zu Hause fragte ich meine Mutter: »Wenn ich Tänzerin werde, hat mich Gott dann noch lieb?« Andernfalls hätte ich selbstverständlich verzichten müssen. Schließlich hatte Gott in meinem Umfeld oberste Priorität. An die Antwort kann ich mich nicht mehr erinnern, aber die Frage zeigt, wie früh man sich als Kind die Regeln der Umgebung zu eigen macht und als innere Stimme gegen individuelle Wünsche und Impulse einsetzt.

Klassische Bremsen für das Selbstvertrauen

Doch wir verinnerlichen nicht nur Verhaltensweisen und Normen. Über die Rückmeldung unserer Umgebung nehmen wir auch auf, wer wir als Person sind. An ihrer Reaktion lesen wir ab, wie liebenswert, talentiert und hübsch wir sind oder wie dumm, abstoßend, ungeschickt.

Diejenigen Einflüsse aus unserer näheren Umgebung, die uns im Laufe unserer Kindheit und Jugend das Gefühl für unsere Großartigkeit rauben können, sind regelrechte Klassiker. Die folgenden sind wohl bei den meisten von uns mehr oder minder intensiv vorgekommen und haben sich dauerhaft eingeprägt. Deshalb ist es sinnvoll, sie sich als mögliche Ursache von mangelndem Selbstvertrauen bewusst zu machen.

Liebe als Lohn für Anpassung

Ein intensiver Einfluss auf unser Selbstvertrauen hängt mit der schon angesprochenen Anpassung zusammen. Die Botschaft lautet: »Ich liebe dich nur, wenn du bist, wie ich dich haben möchte.« Natürlich sprechen das die wenigsten Eltern so harsch aus. Aber sie verhalten sich oft entsprechend. Dabei handelt es sich keineswegs um Monster-Eltern, sondern um nette Leute, die nur das Beste für ihren Nachwuchs wollen. Ihnen ist nicht klar, dass sie dabei aus ihrer Machtposition heraus die Persönlichkeit ihres Kindes verletzen und beeinträchtigen. Hängen bleibt von diesen kleinen und großen elterlichen Ansprüchen, die jeweils mit Liebesentzug oder Druck durchgesetzt wurden: Wie ich bin, ist nicht in Ordnung. Das Kind lernt früh, sein wahres Wesen zu verbergen und sich anzupassen, weil es sich sonst ungeliebt fühlt. Diese Haltung wird dann bis ins Erwachsenenalter beibehalten, ebenso wie die verinnerlichte Botschaft: Du bist nicht okay.

> Manche Frauen erinnern sich daran noch gut. Wie Silke: »Ich war ein wildes Kind. Da kam es schon vor, dass ich das helle Kleidchen und die Lackschuhe, in denen mich meine Mutter so gerne sah, beim Spielen dreckig machte. Dann durfte ich nicht mit der Familie zu Abend essen. ›Schmutzfinken wollen wir nicht am Tisch haben‹, hieß es.« Oder Paula: Wenn sie etwas getan hatte, was ihren Eltern missfiel, wurde sie in ihr Zimmer verbannt. Sie durfte erst wieder herauskommen, wenn sie sagte: »Ich bitte um Entschuldigung, ich will es auch nicht wieder tun.« Noch härter kommt es oft in der Pubertät. Als sich die 15-jährige Nina für eine Party mit Make-up aufgerüscht hatte, schleppte ihr Vater sie ins Badezim-

mer, hielt ihren Kopf unter die Dusche und brüllte: »Meine Tochter geht nicht wie eine Nutte aus dem Haus!«

Ängstliche Eltern haben ängstliche Kinder

Ängstliche oder verwöhnende Eltern, die ihren Sprösslingen alle Steine aus dem Weg räumen, setzen ihnen eine Bremse in den Kopf, die auch später bestens funktioniert. Noch als Erwachsene wagen sie wenig und trauen sich nichts zu.

Loslassen fällt Eltern nicht leicht, das weiß ich wohl. So erinnere ich mich noch gut an diese Szene: Ich stand unter einem Baum und betete, dass nichts passiert. Währenddessen kletterte unser vierjähriger Felix begeistert von Ast zu Ast und hatte schon fast den Wipfel erreicht. Ich hatte ihm die Kletterei erlaubt, weil er ein motorisch geschicktes Kind war, dem man zutrauen konnte, heil hinauf- und auch wieder herunterzukommen. An meiner Angst um ihn änderte das natürlich nichts. Aber ich wollte keine Mutter sein, die ihren Sprössling vor allen Gefahren dieser Welt bewahrt. Schon oft hatte ich erlebt, wie einschränkend Eltern reagieren, und das nicht nur bei kleinen Kindern. Die 13-Jährige möchte ihr Taschengeld als Babysitterin aufbessern, die 15-Jährige mit Freundinnen auf einem Campingplatz zelten, die 17-Jährige mit ihrem Freund in den Urlaub fahren oder als Backpacker durch Neuseeland reisen. Keine Chance! Die Eltern entwerfen Horrorszenarien und sagen Nein. Selbst nach der Volljährigkeit greift die Ängstlichkeit der Eltern. Jugendliche haben dann meist noch nicht die Stärke, den beengenden Vorstellungen Paroli zu bieten. Wie Greta, die liebend gerne auf die Hochschule für bildende Künste nach Berlin gegangen wäre. Bei ihrer Begabung hätte sie dort sicher Erfolg gehabt. Doch ihre Eltern, die in einem kleinen Dorf im Sauerland wohnten, waren strikt dagegen. Sie sahen ihre Tochter schon drogensüchtig im Sumpf der Großstadt. Da sie rechtlich keinen Einfluss mehr besaßen, setzten sie emotionale Mittel ein. Die Mutter bekam plötzlich Herzprobleme, der Vater machte Druck: »Willst du Mama ins Grab bringen?« Greta verzichtete und ergriff in der Kreisstadt einen Beruf, den ihre Eltern für vernünftig hielten. Damit verlor sie leider auch den Kontakt zu ihrer Großartigkeit. Die erprobt man nämlich, indem man Risiken eingeht und sich bewährt.

Wer »anders« aussieht, wird isoliert

Kinder, die äußerlich nicht der Norm entsprechen, haben es schwer. Sie erfahren schon in jungen Jahren Ablehnung durch andere. Wenn sie Glück haben, sind zumindest die Erwachsenen im Umgang mit ihnen einigermaßen liebevoll – was durchaus nicht immer der Fall ist. Von anderen Kindern dürfen sie jedoch kein Mitleid erwarten. Wie die kleine Sophie, die von Geburt an unter einer schlimmen Hautkrankheit litt. Ihre Haut schuppte sich wie bei einer Eidechse. Schon als Dreijährige auf dem Spielplatz wurde sie gemieden und bekam zu hören: »Die ist eklig!« Oder Lena, über deren linke Gesichtshälfte sich ein großes Feuermal zog. »Dich hat der Teufel getreten«, lästerten Verwandte. Als Lena älter wurde, versuchte sie krampfhaft, den Makel mit langen Haaren zu verdecken und ihren Gesprächspartnern möglichst die rechte Gesichtshälfte zuzuwenden.

Egal ob es sich um Kleinwüchsigkeit, Übergröße, Schielen, Stottern, einen Klumpfuß oder schiefe Zähne handelt – die Auswirkungen der sozialen Ausgrenzung auf das Selbstwertgefühl sind beträchtlich. Manches lässt sich später korrigieren. Wo das nicht möglich ist, kompensieren diese Kinder ihr sichtbares Anderssein mit besonderen Fähigkeiten. Sie entwickeln etwa Charme, sprachliche Intelligenz, besonders soziales Verhalten oder Kreativität. Aber selbst wenn sie als Erwachsene souverän erscheinen, haben sich die seelischen Verletzungen bereits tief eingegraben. Sie zeigen sich dann etwa als ein grundlegendes Gefühl der Einsamkeit oder als tiefes Misstrauen gegenüber anderen Menschen.

Die Peergroup bestimmt den Wert

In der Pubertät nimmt der Einfluss der Eltern ab, stattdessen gewinnen Gleichaltrige an Bedeutung. Sie sind der Spiegel, in dem sich zeigt, welchen sozialen Rang wir einnehmen. Dieser Spiegel kann so grausam sein wie der von Schneewittchens Stiefmutter – und meist hängt das, was er zurückwirft, tatsächlich von Äußerlichkeiten ab.

> Mara war als Teenager ein bisschen pummelig, hatte dünnes aschblondes Haar und trug eine Brille mit dicken Gläsern. Ihre Schulzeit erlebte sie als eine Kette von Zurückweisungen. Wenn beim Volleyball Mitspielerinnen gewählt wurden, nahm man sie ganz zum Schluss widerwillig in eine Mannschaft auf. Während der Schulfeste hockte sie mutterseelenallein am Tisch, während sich alle anderen amüsierten. Bei Klassenfahrten wollte im Bus niemand neben ihr sitzen. Zu Hause weinte Mara oft heimlich. Sie tröstete sich mit Pralinen und Chips und träumte davon, schön zu sein.

Es mag ein kleiner Trost sein, dass Jungs es auch nicht einfacher haben. Eine besonders anrührende Beschreibung, wie schmerzhaft sich die Ablehnung der Peergroup für sie anfühlt, gibt Wolfgang Herrndorf in seinem Coming-of-Age-Roman »Tschick«. Tatjana, Mitschülerin und heimlich Angebetete des 14-jährigen Maik, will zu ihrem Geburtstag eine Riesenparty veranstalten. Maik ist schon ganz aufgeregt und bastelt ihr aufwändig ein Geschenk. Doch dann muss er erleben, dass er nicht auf der Gästeliste steht: »Die größten Langeweiler und Asis waren nicht eingeladen, Russen, Nazis und Idioten. Und ich musste nicht lange überlegen, was ich in Tatjanas Augen wahrscheinlich war. Weil, ich war ja weder Russe noch Nazi.«

Gerade in der Pubertät treffen oft unglückliche Bedingungen für das Bewusstsein unserer Großartigkeit zusammen: Wir sind der oberflächlichen Meinung Gleichaltriger ausgeliefert, die nach schlichten Kriterien über uns urteilen, nämlich wie hübsch, sexy, unterhaltsam, cool wir sind oder wie viel Taschengeld wir zur Verfügung haben. Damit werden eine Menge wunderbarer Qualitäten wie Klugheit, Humor, Kreativität oder soziale Einstellung übersehen. Gleichzeitig sind wir noch nicht gefestigt genug und haben zu wenig Lebenserfahrung, um ein negatives Urteil der anderen zu relativieren. Außerdem kommt durch die Ablösung von den Eltern eine große Bedürftigkeit hinzu, von der Umgebung angenommen zu werden. Wir fühlen uns schutzlos und verletzlich wie eine sich häutende Schlange. Schmerzhafte Erinnerungen an diese Zeit werden uns lebenslang bewusst bleiben.

Minderheiten werden ausgegrenzt

Frühe Erfahrungen von sozialer Ausgrenzung hinterlassen seelische Narben und schmälern oft lebenslang das Selbstvertrauen der Betroffenen. Zu einer nicht akzeptierten Minderheit zu gehören und dafür gehänselt oder gequält zu werden verursacht bei einem Kind ein tiefes Minderwertigkeitsgefühl, das im Erwachsenenalter oft nur überspielt oder kompensiert wird. Bei älteren Generationen waren es uneheliche Kinder oder solche, deren Eltern sich scheiden ließen, als das noch verpönt war, sowie Kinder aus Flüchtlingsfamilien, die in der Fremde Fuß fassen mussten. Inzwischen betrifft es eher Menschen mit einem körperlichen Handicap oder religiöse Gruppen.

> Carlas Eltern gehörten zu den Zeugen Jehovas. In der Kleinstadt, in der sie aufwuchs, stand man dieser Glaubensgemeinschaft skeptisch gegenüber. Carla schämte sich zu Tode, wenn ihre Mutter mit dem »Wachtturm«, einer religiösen

Zeitschrift, auf dem örtlichen Marktplatz stand und Leute ins Gespräch über den Glauben verwickelte. Noch schlimmer war es, wenn sie ihren Vater auf Missionstour von Haus zu Haus begleiten musste und man ihnen die Türe vor der Nase zuschlug. Wenn später das Thema auf die Religionszugehörigkeit kam, behauptete Carla, sie sei evangelisch.

Einfache Verhältnisse verunsichern

Auch Armut kann eine Ausgrenzung bewirken. Der Modedesigner Wolfgang Joop erinnert sich im Interview, wie sehr er sich während seiner Schulzeit isoliert gefühlt hat: »Meine Wollpullover, noch dazu selbst gestrickt, waren das Allerletzte! Ich war der einzige modische Außenseiter, weil ich nichts hatte, womit ich kompatibel gewesen wäre. Und all das, was man gerade trug, konnte ich nicht kaufen.«

Wenn eine Lücke zwischen Elternhaus und heutiger Position klafft, ist es oft schwer, die eigene Großartigkeit wahrzunehmen. Man ist zu sehr damit beschäftigt, vermeintliche Defizite zu kaschieren. Wer nicht aus bevorzugtem Hause stammt, wird vermutlich nie die lässige Selbstverständlichkeit erwerben, welche die Sprösslinge wohlhabender, gebildeter Eltern besitzen. Die saugen nämlich schon mit der Muttermilch auf: Wo wir sind, ist oben. Und sie lernen von Kindesbeinen am Modell der Eltern, wie man sich selbstsicher verhält. Natürlich kann man sich, falls notwendig, die Regeln jeder Klasse auch selbst beibringen: Wie man eine interessante Konversation führt. Wie viel Trinkgeld angemessen ist. Was man zu einer Einladung auf dem Land anzieht. Wie man ein Dinner ausrichtet. Trotzdem bleibt zumindest ein Quäntchen Anstrengung, denn im tiefsten Innern haben wir nicht das Gefühl, wirklich dazuzugehören, und fürchten uns davor, das zu verraten. So mokierte sich der Kolumnist einer bekannten Sonntagszeitung über einen Teilnehmer an einer illustren Runde auf Sylt. Man hatte spontan beschlossen, in ein Feinschmeckerlokal zum Krebsessen zu gehen.

Alle bestellten Schalentiere – bis auf diesen einen, der angeblich keine Krebse mochte und ein Steak orderte. Später gestand er dem Kolumnisten auf dessen drängende Nachfrage, dass er nicht wusste, wie man Krebse isst. »Er hätte das doch sagen können, dann hätten wir es ihm gezeigt«, schrieb der Autor. Nein, hätte er eben nicht! Es gehört viel innere Souveränität dazu, sich auf einem bestimmten Level als unwissend zu outen, sei es in puncto Benehmen oder Bildung.

Versagen wird zum Trauma

Nicht immer sind es lang andauernde Einflüsse, die unser Gefühl für Großartigkeit sabotieren. Manchmal reicht schon ein einziges emotional aufwühlendes Ereignis, um das Selbstvertrauen nachhaltig zu mindern. Dabei spreche ich hier nicht von erschütternden Erlebnissen wie Missbrauch, Vergewaltigung, einem Unfall oder Überfall. Welche verheerenden psychischen Folgen das hat, ist allgemein bekannt. Ich rede von diesen persönlichen Waterloo-Momenten, in denen wir vor den Augen anderer versagen. Je früher wir so etwas erlebt haben, desto stärker wirkt es sich aus. Wie für die Achtjährige, die ihrem Vater zum Geburtstag stolz ein selbstgemaltes Bild präsentiert und hört: »Was soll ich denn mit dieser Schmiererei?« Für die Zwölfjährige, die hingebungsvoll für ein Schul-Musical vorsingt und schallend ausgelacht wird. Für den Teenager, der es wagt, sein selbstgemachtes Gedicht öffentlich zu machen, und dafür von Gleichaltrigen Häme erntet. Solche Versagenserlebnisse sind jedoch nicht nur an frühe Jahre gebunden, sie können auch später noch jederzeit passieren.

> Regina, 23, Optikerin, hat den Traum, Model zu werden. Sie sieht gut aus und hat mit 1,78 m auch die passende Größe. In einem Abendkurs lernt sie, sich auf dem Catwalk zu bewegen. Tatsächlich macht sie an Wochenenden erfolgreich bei einigen kleinen Modenschauen mit. Dann bekommt sie

die Chance, für einen recht bekannten Designer zu laufen. Allerdings ist die Choreografie für die Show wesentlich anspruchsvoller, als Regina es bisher gewohnt ist. Bei den Proben passiert es: Sie kann sich die komplizierten Schritte nicht merken. Zuerst verdrehen alle nur die Augen, als der Durchlauf wegen ihr wiederholt werden muss. Beim zweiten Mal schickt der Designer sie vom Laufsteg, putzt sie vor allen Anwesenden herunter und wirft sie hinaus. Tränenblind stolpert Regina aus dem Saal. Ihr Traum hat sich in ein Trauma verwandelt. Noch heute, mit 39 Jahren, geht Regina in ihrem Fitnessstudio in keinen Kurs, bei dem Schrittfolgen eine Rolle spielen, wie Jazzdance oder Step-Aerobic. Sie hat Angst, sich zu blamieren.

Erlebnissen des Versagens ist gemeinsam, dass sie mit Scham verbunden sind. Wir fühlen uns fürchterlich bloßgestellt. Diese Erfahrung kann so tief gehen, dass wir uns nie wieder auf dem Gebiet betätigen, auf dem wir offenbar so schmählich versagt haben. Nie wieder singen, malen, tanzen, Gedichte schreiben, öffentlich auftreten! Besonders nachteilig wirkt sich aus, dass wir bei einer schlechten Erfahrung auf einem Gebiet gleich das Kind mit dem Bade ausschütten. Wir halten uns generell für ungeschickt, untalentiert, unmusisch – eine Einstellung, die pures Gift für unser Gefühl von Großartigkeit ist.

Entwicklung ist jederzeit möglich

Was auch immer uns beeinflusst hat, fest steht: Wir übernehmen schon in jungen Jahren unser Selbst- und Weltbild von unserer Umgebung. Und das nicht etwa als oberflächlich antrainiertes Verhalten, sondern wir speichern es tiefgreifend in unserer körperlichen Befindlichkeit und unserem Gehirn. Gerald Hüther, Professor für Neurobiologie an der Uni Göttingen, bestätigt diesen Einfluss: »Alles, worauf ein Kind später stolz ist, was es als Persönlichkeit ausmacht, was es weiß und kann, ebenso wie das, was es wünscht und träumt, verdankt es dem Umstand, dass andere Menschen ihm bei der Benutzung und Ausformung des Gehirns geholfen haben.« Das gilt leider auch für das Gegenteil, nämlich für alles, wofür wir uns schämen, worunter wir leiden und was wir meiden. So gut gemeint die erzieherischen Bemühungen auch gewesen sein mögen, sie wirken sich nicht immer zu unserem Besten aus.

Vielleicht sind Ihnen beim Lesen dieser Ursachen für mangelndes Selbstvertrauen Szenen aus Ihrer Kindheit oder Jugend eingefallen, die Sie ähnlich erlebt haben. Eben weil diese Einflüsse so früh stattgefunden haben und in prägender Zeit besonders tief gingen, halten sie sich hartnäckig. Vermutlich können Sie einige Auswirkungen dieser frühen Erfahrungen bis in die Gegenwart verfolgen. Wenn Sie zum Beispiel mal wieder zusätzliche Arbeit übernehmen, obwohl Sie Grenzen setzen müssten. Wenn Sie aus Unsicherheit dem arroganten Kellner im Edelrestaurant ein viel zu hohes Trinkgeld geben, um ihn gnädig zu stimmen. Oder wenn Sie am liebsten im Boden versinken möchten, weil Sie auf die Einladung zu einem »ganz zwanglosen Umtrunk« in Jeans und Pulli erschienen sind, während die übrigen Gäste sich schick gemacht haben. Von einem souveränen Gefühl für die eigene Größe kann da wohl kaum die Rede sein.

Und was nun? Die Vergangenheit lässt sich nicht ändern. Was passiert ist, ist passiert, und manches wird wohl in der Erinnerung als blauer Fleck auf der Seele bleiben. Doch in puncto Selbstvertrauen ist trotzdem nichts verloren. Inzwischen weiß die Psychologie, unterstützt von der Hirnforschung, dass jede alte Erinnerung durch neue Erfahrungen modifiziert werden kann. Unser Gehirn ist nämlich ein plastisches Gebilde. Lebenslang vollzieht sich in ihm ein dynamischer Entwicklungs- und Umbauprozess. Nur wenige Funktionen sind nach heutigem Wissen im Erwachsenenalter tatsächlich unveränderbar, wie zum Beispiel das Sehen. Werden die Sehzentren im Gehirn nicht rechtzeitig in früher Kindheit trainiert, können sie ihre Fähigkeit später nicht mehr entwickeln. Für alles andere jedoch ist der alte Spruch »Was Hänschen nicht lernt, lernt Hans nimmer mehr« überholt. Auch als Erwachsene ist es uns möglich, eine neue Einstellung zu erwerben. Wir können lernen, unsere Gedanken, Emotionen und Handlungen über unser Großhirn bewusst zu steuern. Von daher lautet die gute Nachricht: Das Gefühl für unsere Großartigkeit lässt sich auch heute noch (zurück-)gewinnen.

2. Schlüsselreize – Turbo in die Vergangenheit

Bevor Kuki Gallmann, Autorin der Autobiografie »Ich träumte von Afrika« für immer von Italien nach Nairobi zog, verbrannte sie im Garten ihre Tagebücher als Zeichen dafür, dass ihr altes Leben endgültig vorbei war und ein neuer, aufregender Abschnitt begann. Schön wäre es, wenn wir mit einer ähnlich spektakulären Geste löschen könnten, was uns bis heute daran hindert, uns voller Selbstvertrauen großartig zu finden. Doch dazu bedarf es einiges mehr. Um ehrlich zu sein, sogar sehr viel mehr: Wir müssen Teile unseres vertrauten Selbstbilds loslassen.

Der erste Schritt zur Veränderung ist, die Mechanismen, die unsere Großartigkeit sabotieren, zu identifizieren. Sie sind uns nämlich über viele Jahre so vertraut, dass sie meist automatisch funktionieren. Etwa so:

- Wir haben fürchterliches Lampenfieber, wenn wir vor mehr als fünf Personen sprechen müssen.
- Vermeintliche Autoritätspersonen verunsichern uns, sodass wir stumm bleiben, wenn wir dem Vorstandsvorsitzenden im Aufzug begegnen.
- Wir widersprechen dem arroganten Experten nicht, weil wir fürchten, er könnte unsere Wissenslücken entlarven.
- Wenn jemand einen harmlosen Scherz auf unsere Kosten macht, sind wir beleidigt.
- Eine kritische Bemerkung zu unserem Äußeren geht uns noch lange nach.

Unangenehm, anstrengend, schmerzlich, deprimierend, lästig, peinlich oder zum Verzweifeln – in immer neuem und doch vertrautem Gewand zeigt sich, dass wir in bestimmten Situationen offenbar nicht genügend Selbstvertrauen haben. Und das kommt nicht von ungefähr. Eine Kollegin von mir sagte dazu lakonisch: »Die Kindheit steckt uns eben immer noch in den Knochen.« Stimmt, und mit dem passenden Auslöser kann sie jederzeit wieder aktiviert werden.

Wann immer wir intensiver reagieren, als es der Situation angemessen ist, können wir sicher sein, dass wir uns gerade in unsere Kindheit oder Pubertät katapultiert haben. Schlüsselreize, die uns dazu bringen, nennt man in der Verhaltenspsychologie Trigger (englisch für »Auslöser« oder »Abzug«). Darunter versteht man Sinneseindrücke, die die Erinnerungen an alte Erfahrungen so lebendig machen, als ob wir sie gerade noch einmal erleben. Eine Geste oder eine bestimmte Mimik, ein Satz, ein Geräusch, ein Geruch, ein charakteristisches Aussehen oder ein bestimmtes Verhalten lösen Gedanken und Gefühle aus, die wir nur zu gut von damals kennen. Plötzlich nehmen wir die aktuelle Situation nicht mehr objektiv wahr, sondern so, als wären wir wieder in der Vergangenheit. Typisch dafür ist, dass wir keine Kontrolle mehr über unsere Gedanken, Gefühle und Handlungen haben. Wir befinden uns in einem kindlichen Zustand.

Wunde Punkte

Kennen Sie das? Ein Bekannter äußert harmlose Kritik an Ihnen und Sie gehen hoch wie eine Rakete. Eine Verkäuferin ignoriert Sie, daraufhin verlassen Sie wutschnaubend das Geschäft. Nach einem Streit schweigt Ihr Partner und Sie tun alles, um wieder Harmonie herzustellen. Ihr Geschäftspartner vergisst Sie bei einer Dankesrede, obwohl Sie sich so für das Projekt engagiert haben. Sie sind maßlos enttäuscht. Die Nachbarn lassen trotz Ihrer höflichen Bitte die Bässe wummern, Sie fühlen sich hilflos ausgeliefert.

Wie auch immer – Souveränität und Selbstvertrauen gehen anders.

Sobald ein wunder Punkt berührt wird, sausen wir gefühlsmäßig in die Kindheit zurück und werden von Emotionen überwältigt. Wie heftig sich das auswirken kann, habe ich selbst zu spüren bekommen. Das Erlebnis liegt schon eine Weile zurück, ist mir aber noch sehr präsent, weil an einem einzigen falschen Satz eine Freundschaft zerbrach. Wir waren eine nette Gruppe von vier Frauen, die sich einen Wochenendtrip nach Paris gegönnt hatten. Unsere Rückfahrt mit dem Nachtzug nach Hamburg lag zeitlich fest. Falls wir den nicht erreichten, würde das Ticket verfallen. Zu dumm nur, dass wir uns verlaufen hatten. Die Uhr tickte. Ein Taxi hätte uns bei dem Verkehr nicht geholfen. Hektisch zückten wir den Stadtplan, um herauszufinden, wie wir am schnellsten zum Gare du Nord kämen. Während wir uns bemühten, die passende Verkehrsverbindung herauszufinden, redete eine aus unserer Gruppe dauernd dazwischen, sodass es schwer war, sich zu konzentrieren. Da entfuhr es mir: »Ach, halt doch mal den Mund!« Zugegeben, das war recht unhöflich, aber als wir in letzter Minute in den Zug sprangen und schließlich glücklich im Abteil saßen, hatte ich es längst vergessen. Nicht so die betroffene Freundin. Bebend vor Zorn stellte sie mich zur Rede. Natürlich entschuldigte ich mich und versuchte ihr zu erklären, dass meine ruppige Bemerkung der Aufregung geschuldet gewesen sei. Vergeblich. »Das hat meine Mutter immer zu mir gesagt«, fauchte sie. »Heute erlaube ich niemandem mehr, so mit mir zu sprechen!« Sie wollte nichts mehr mit mir zu tun haben.

Wenn Sie Ihren wunden Punkten aus der Vergangenheit auf die Spur kommen möchten, lohnt es sich zu überlegen, in welchen Situationen Sie bisher überreagiert haben. Wohlgemerkt, über-reagiert! Sicher hätten sich bei dem gleichen Ereignis auch andere Menschen geärgert oder wären gekränkt gewesen, doch sie hätten es weniger wichtig genommen und schneller wieder vergessen. Je nachdem, was Sie in Ihrer Kindheit und Jugend an Verletzungen erlebt haben, können bestimmte Verhaltensweisen Ihrer Umgebung bei Ihnen die heftigsten Reaktionen hervorrufen. Die folgenden Auslöser sind besonders häufig.

Ungerechtigkeit

Wer als Kind unfair behandelt wurde und sich nicht verteidigen konnte, geht später besonders bei Ungerechtigkeit auf die Barrikaden. Wie zum Beispiel Helen, 39, die als Steuerberaterin in einer großen Kanzlei arbeitet.

> Ein neuer, vermögender Mandant verlangte von Helen, für ihn eine nicht ganz legale Aktion durchzuführen. Die grundehrliche und äußerst zuverlässige Helen lehnte das höflich, aber entschieden mit den Worten ab: »Es tut mir leid, das kann ich nicht machen, das wäre Steuerbetrug.« Der erboste Mandant stürmte zu ihrem Chef und schäumte: »Ihre unverschämte Mitarbeiterin hat mich einen Betrüger genannt. Das muss ich mir wohl nicht bieten lassen!« Der Chef ignorierte Helens Erklärung, sie habe nur ganz sachlich von »Steuerbetrug« gesprochen und den Klienten keineswegs als Betrüger bezeichnet. Er putzte sie vor allen Kollegen herunter. Noch im Nachhinein zitterte Helen vor Empörung und war über diese Ungerechtigkeit so gekränkt, dass sie kündigen wollte.

Mangelnde Unterstützung

Manche von uns mussten erleben, dass ihren Eltern die Meinung anderer immer wichtiger war als die ihres Kindes. So ging es zum Beispiel auch Britta:

> Aus unerfindlichen Gründen konnte Brittas Lehrerin sie nicht leiden und machte ihr das Leben zur Hölle. Beim ge-

ringsten Mucks wurde Britta bestraft. Als sie ihre Eltern weinend darum bat, doch mal mit ihrer Lehrerin zu reden, lehnten die es mit der Begründung ab: »Die Lehrerin weiß schon, was sie tut. Bestimmt hast du dich schlecht benommen.« Noch heute, mit 43 Jahren, ist Britta zutiefst verletzt, wenn ihr Mann im Streit mit anderen nicht zu ihr hält. Sie fühlt sich dann im Stich gelassen wie als Zehnjährige.

Übersehen werden

Hat man als Kind wenig Wertschätzung erhalten, empfindet man später manches als Entwertung, mit dem andere kein großes Problem haben, wie das folgende Beispiel zeigt:

> Sonja, 45, Unternehmensberaterin, war kürzlich mit der ihr noch unbekannten Personalchefin eines Konzerns verabredet. Sie musste eine Viertelstunde am Empfang warten, bevor man sie dort abholte. Währenddessen wurde Sonja immer wütender. Nach zehn Minuten war sie drauf und dran, die Lobby zu verlassen und wieder nach Hause zu fahren. Dass man sie so lange warten ließ, empfand sie als Zeichen von Missachtung. Nur ein kleiner Rest Rationalität hielt sie noch auf dem Sessel. Als die Personalchefin schließlich erschien und sich entschuldigte, dass sie durch ein wichtiges Telefonat aufgehalten worden sein, war Sonja heilfroh, dass sie ihrem kindlichen Impuls nicht nachgegeben hatte.

Ungerechtigkeit, Abwertung, Bevormundung, mangelnde Anerkennung, Neckerei, Zeitdruck, Überlastung, Kritik an Aussehen oder Leistung – die Liste der persönlichen Trigger für negative Gefühle lässt sich beliebig verlängern. Ob es sich dabei um einen wunden Punkt handelt, erkennen Sie daran, wie stark Ihre Reaktion ist. Sind Sie etwa am Boden zerstört, verzweifelt, mordswütend, zutiefst verletzt, abgrundtief traurig? Oder fühlen Sie sich völlig deprimiert, panisch, isoliert, unfähig, abgelehnt? Das alles sind die

Empfindungen eines Kindes, das sich in seiner Hilflosigkeit nicht gegen eine starke Übermacht wehren kann.

Den wunden Punkt entkräften

In dieser Erkenntnis liegt auch schon die Lösung: Sie sind nämlich kein Kind mehr, Sie sind eine erwachsene Frau. Aus dieser Position heraus können Sie jederzeit eine andere Reaktion wählen. Sobald Sie also ein heftiges Gefühl verspüren, geben Sie sich ihm nicht widerstandslos hin. Nehmen Sie es als deutliches Anzeichen dafür, dass Sie gerade wieder einen Rückfall in alte Zeiten haben. Atmen Sie tief durch und fragen Sie sich: Wie würde eine erwachsene, selbstbewusste Frau in dieser Situation reagieren? Die Steuerberaterin Helen zum Beispiel hätte dann nicht mit den Tränen gekämpft, sondern ihrem Chef sachlich Paroli geboten: »Sie kennen mich schon lange und wissen, dass es keineswegs meine Art ist, einen Mandanten zu beschimpfen. Ich bitte Sie, mir zu glauben.« Sie hätte nicht an Kündigung gedacht und stattdessen überlegt, warum ihr Vorgesetzter so aufgebracht und ungerecht war. Offenbar hatte er große Sorge, ein lukratives Geschäft zu verlieren. Last but not least hätte sie sich gesagt: »Ich gebe doch nicht wegen eines unseriösen Mandanten meinen guten Arbeitsplatz auf!«

Vielleicht sagen Sie jetzt: Wenn mich meine Gefühle überwältigen, kann ich einfach nicht mehr klar denken. Doch, das können Sie. Wir sind nämlich in der Lage, in Sekundenschnelle von einem Gemütszustand in einen anderen zu switchen und damit auch unsere Gedanken zu ändern. Angenommen, Sie sitzen deprimiert mit einer Tüte Chips vor dem Fernseher. Das Leben ist fade, der Job macht keinen Spaß und das Thema Männer zieht Sie völlig herunter. Da kommen gerade die Lottozahlen. Sie haben zwar einen Schein ausgefüllt, aber bei einem Verhältnis 1:140 Millionen rechnen Sie sich keine wirkliche Chance aus. Die Kugeln rollen. Wahnsinn, das sind Ihre Zahlen! Sie haben den Jackpot geknackt. Deprimiert? Lustlos? Von wegen! Sie stoßen einen Schrei aus, springen auf und reißen vor Begeisterung die Blumenvase vom Tisch.

Sehen Sie, geht doch. Nur dass in unserem Fall der Impuls zu einem anderen Gefühl und Verhalten nicht von außen, sondern von innen kommt. Probieren Sie es bei der nächsten Trigger-Attacke aus:

- Nehmen Sie Ihr Gefühl bewusst wahr: Ich fühle mich jetzt ... (hilflos, panisch, wütend, überfordert).
- Identifizieren Sie Ihr Gefühl als Reaktion auf einen Trigger: Das bringt mich so auf, weil ich es als ... (ungerecht, rücksichtslos, illoyal, entwertend) beurteile.
- Distanzieren Sie sich von dem Gefühl, indem Sie es beobachten und beschreiben (Mein Kopf ist leer, ich habe einen Druck auf dem Magen, gleich kommen mir die Tränen).
- Fragen Sie sich: Wie würde sich jetzt eine erwachsene, selbstbewusste Frau verhalten? (Sie sagt ruhig und klar, was ihr nicht passt. Sie wartet erst einmal weitere Informationen ab. Sie nimmt es nicht so wichtig, nach dem Motto: »Was kümmert es den Mond, wenn ihn ein Hund anheult?«)

Sollten Sie trotzdem in einem heftigen Gefühl stecken bleiben, hilft es, für solche Fälle eine emotionale Hotline zu haben. An deren Ende sitzen gute Freunde, denen Sie vertrauen, oder Experten für das jeweilige Gebiet. Weil diese nicht emotional involviert sind, haben sie mit Sicherheit einen klareren Blick auf das aktuelle Geschehen als Sie. Deshalb können sie die Bedeutung der Situation richtig einordnen und Ihnen gute Ratschläge geben.

Projektionen auflösen

Nicht nur das Aktivieren wunder Punkte beamt uns blitzschnell in die Vergangenheit, auch Menschen können in diesem Sinne auf uns wirken, auch wenn sie uns in keiner Weise Böses wollen. Schon die bloße Begegnung mit ihnen raubt uns eine gute Portion Selbstvertrauen. Oft sind es Autoritätspersonen, vor denen wir plötzlich auf Kindergröße schrumpfen. Das passiert leicht, wenn sie in einer beruflichen Rolle auftreten, etwa als Ärzte, Rechtsanwälte oder Professoren. Manchmal reicht es aber schon aus, dass sie Insignien der Macht, wie etwa ein großes Büro, besitzen oder eine dominante Ausstrahlung haben.

> Lara, 31, ist Kontakterin in einer Werbeagentur. Im Umgang mit Kunden ist sie souverän und kompetent. Nur mit älteren erfolgreichen Geschäftsmännern hat sie immer wieder Probleme. Sie kann diesen Typ genau beschreiben: silbergraues Haar, ein bisschen übergewichtig, teure Uhr, Maßanzug, konservativ. Sobald sie einem Exemplar dieser Gattung gegenübersitzt, mutiert sie zum braven Mädchen. Sie lächelt permanent und stimmt einer Meinung zu, die sie nicht teilt. Sie traut sich nicht mehr, ihre Vorstellungen entschieden zu vertreten. Lara hat schlicht und einfach Angst vor diesen Männern. Die Ursache dafür liegt in ihrer Kindheit, in der sie unbewusst die Einstellung ihres Vaters übernommen hat. Er stammt aus einfachen Verhältnissen und hat eine Scheu vor autoritären Chef-Typen. Als kleines Mädchen hat Lara mitbekommen, dass er sich denen gegenüber immer devot verhielt und tat, was sie von ihm verlangten.

Manchmal reicht schon ein einziges Merkmal an einem Menschen, um gelassenes Verhalten zu sabotieren. Das kann alles Mögliche sein, das Sie unangenehm an einen Menschen aus Kindertagen erinnert. Etwa ein erhobener

Zeigefinger, ein süffisantes Lächeln, ein Dialekt, ein Kleidungsstil, eine Frisur.

In diesem Zusammenhang ist mir ein Erlebnis aus meinen frühen Berufsjahren als Psychotherapeutin unvergesslich geblieben, zumal ich daraus auch meine Lehre gezogen habe. Seinerzeit hatte ich ein Faible für rote Lippenstifte und fand nichts dabei, mich auch für die Arbeit farbenfroh zurechtzumachen. Eine neue Klientin hatte sich angemeldet und ich erwartete sie in meiner Praxis im ersten Stock. Sie kam die Treppe hoch, sah meine roten Lippen, sagte entsetzt: »Zu einer geschminkten Therapeutin gehe ich nicht!« Sie wollte sich auf dem Absatz umdrehen. Ich schaffte es gerade noch, sie in die Praxis zu bitten. Es stellte sich heraus, dass sie Frauen mit Make-up als oberflächlich verachtete. Ich bekam heraus, dass ihre jüngere Schwester diesem Urteil entsprach. Obwohl sich ihre Ablehnung mir gegenüber im Gespräch lockerte, war sie doch so stark, dass sie sich lieber eine andere Therapeutin suchte.

All das läuft unter dem bekannten Begriff »Projektion«. Tatsächlich wird dabei ein altes Bild samt der damaligen Erfahrung auf die aktuelle Begegnung übertragen. Und schon läuft das bekannte Programm ab: Schockstarre, Angst, Schüchternheit, Ablehnung, das Gefühl von Ungenügen und Unvermögen. Das Selbstvertrauen ist im Keller.

Was lässt sich dagegen tun? Die Projektion löst sich auf, indem man das Bild genau betrachtet und einen Realitätscheck durchführt:

- Machen Sie sich als Erstes bewusst, dass es sich bei Ihrem Personen-Trigger um ein Individuum handelt und nicht um den Klon eines Menschen, mit dem Sie in jungen Jahren Schwierigkeiten hatten.
- Versuchen Sie so viele Unterscheidungsmerkmale wie möglich zu Ihrem Prototyp zu finden. Indem Sie ausführlich mit Ihrem Gegenüber sprechen und interessiert

Fragen stellen, erfahren Sie mehr über den anderen. Sie werden erkennen, dass es sich um einen Menschen mit ähnlichen Sorgen, Vorlieben, Sehnsüchten handelt wie Sie. Auf diese Weise bekommt das Klischee ein persönliches Gesicht und wirkt weniger bedrohlich.

- Personen-Trigger lösen physische Reaktionen aus. Spüren Sie in Ihren Körper hinein. Wo versteifen Sie sich gerade? Wo sind Sie angespannt? Lassen Sie dort bewusst locker. Atmen Sie ruhig und gleichmäßig.
- Nehmen Sie der Person die übermäßige Bedeutung. Sehr beliebt ist dazu der Rat, sie sich in Unterwäsche vorzustellen. Hilfreich ist auch, sich die Situation als Theaterszene auszumalen. Ihr Gegenüber ist nur ein begnadeter Schauspieler, der gerade hervorragend diese Trigger-Rolle spielt. Sie sind als selbstbewusste Frau besetzt.
- Treffen Sie so viele triggerverdächtige Personen wie möglich. »Systematische Desensibilisierung« nennt man das in der Verhaltenstherapie. Was bedeutet: Je öfter Sie sich mit der unangenehmen Situation konfrontieren, desto mehr verschwindet das Unbehagen, weil Sie sich an den Auslöser gewöhnen. Also gehen Sie mutig immer wieder in die Höhle des Löwen – er wird sich am Ende als Hauskatze herausstellen.

Ob wunder Punkt oder Personen-Trigger, Sie dürfen sicher sein, die nächste Herausforderung dieser Art kommt bestimmt. Ich meine es ernst und keineswegs zynisch, wenn ich sage: Freuen Sie sich darauf. Denn das ist ab sofort Ihre Chance, persönlich zu wachsen und mehr Selbstvertrauen zu gewinnen.

3. Der innere Dialog

Die Autorin Pam Grout benutzt ein schönes Bild dafür, wie wir uns materielle Wünsche erfüllen können: Was wir gerne haben möchten, lagert schon abholbereit in der Wunschzentrale im obersten Stockwerk eines Hochhauses. Bloß befinden wir uns derzeit auf einer der unteren Etagen und müssen erst hochsteigen. Das gilt auch im Blick auf mehr Selbstvertrauen: Alles, was wir dazu brauchen, ist längst für uns vorhanden: Selbstliebe, innere Sicherheit, ein Gefühl für den eigenen Wert, Mut und Kreativität. Wir müssen es uns nur holen. Der Aufzug, der uns garantiert ans Ziel bringt, ist unsere positive innere Stimme.

Wir unterhalten uns pausenlos mit uns selbst, ohne dass es uns besonders auffällt. So überlegen wir etwa, was wir anziehen, wie wir unsere Arbeit organisieren, was wir noch einkaufen müssen oder was wir am Wochenende unternehmen wollen. Dabei trifft sich in unserem Kopf meist eine ganze Diskussionsrunde, die Pro und Contra erwägt, Ideen produziert und verwirft, Meinungen äußert und Urteile fällt. Kommunikationsexperten wie der Psychologe Friedemann Schulz von Thun sprechen in diesem Zusammenhang von einem »inneren Team«. Er schlägt sogar vor, den einzelnen »Teammitgliedern« Namen zu geben, so als wären es lebende Personen. Tatsächlich ist es möglich, auf diese Weise regelmäßig erscheinende Teammitglieder zu identifizieren. Bei mir gibt es zum Beispiel eines, das einen Hang zu Süßigkeiten hat, genannt die »Genießerin«. Die liegt oft im Clinch mit dem »Gesundheitsapostel«, der Zucker ungesund findet, und der »Asketin«, die sich etwas mehr Disziplin ausbittet, falls wieder eine ganze Tafel Schokolade auf einmal verschwindet.

Die negative innere Stimme

Wenn wir aufmerksam lauschen, was wir so den ganzen Tag über denken, identifizieren wir mit Sicherheit ein aktives Team an inneren Stimmen. Meist arbeitet es gut zusammen und hilft uns, den Alltag zu bewältigen oder die Zukunft zu planen. Allerdings gibt es in diesem Team auch eine Stimme, die es sich offenbar zur Aufgabe gemacht hat, die negativen Dinge, die wir von früher schon gut kennen, in uns lebendig zu halten. Sie ist fast so alt wie wir selbst und hat alles gespeichert, was man uns je an Negativem über uns, Gott und die Welt vermittelt hat. Damals war sie zumindest teilweise nützlich, weil sie uns an unsere Umgebung angepasst hat. Doch inzwischen ist ihr Job überflüssig und für unser Selbstvertrauen sogar äußerst schädlich – sie weiß es bloß noch nicht. In der psychologischen Literatur wird diese Stimme oft als »innere Kritikerin« oder »innerer Kritiker« bezeichnet. Sie sagt Dinge wie »Halt lieber den Mund, sonst blamierst du dich nur«, »Du siehst ja heute wieder fürchterlich aus«, »Warum sollten die ausgerechnet dich nehmen?«, »Vergiss es, der Zug ist abgefahren«.

Diese kritische Stimme steckt in jedem von uns, übrigens auch in denjenigen, die in der Öffentlichkeit selbstsicher auftreten und von denen man es nie vermuten würde. Erst kürzlich las ich in einer Zeitschrift ein Interview mit der Journalistin Christine Westermann, 65. Souverän moderiert sie seit einigen Jahren die TV-Kultsendung »Zimmer frei!« im WDR und wurde dafür mit dem Grimme-Preis, der höchsten deutschen Fernsehtrophäe, ausgezeichnet. Außerdem erhielt sie 2010 den deutschen Radiopreis. Jemand wie sie müsste doch vor Selbstvertrauen strotzen! Aber das ist keineswegs der Fall, wie das Interview zeigt. Christine Westermann gesteht, dass ihr innerer Kritiker – bei ihr ist es die männliche Variante – eine Vollzeitstelle hat. »Mein Muster ist ›Ich bin nicht gut genug‹.« Heimlich rechnet sie damit, dass man sie früher oder später als Scharlatan entlarvt: »Irgendwann kommt dir einer drauf, dass du dich seit 40 Jahren als Journalist einfach durchgemogelt hast. Und der Grimme-Preis war ein pures Versehen.« Auch im Alltag kennt Christine Westermann solche Attacken: »Manchmal muckt der Kritiker auch bei Kleinigkeiten auf. Ich habe neue Schuhe, keiner sagt: Mensch, die sind aber schön, schon denke ich, o Gott, was hast du wieder für einen Mist gekauft?« Die Moderatorin ist keine Ausnahme, sie ist nur im Gegensatz zu vielen ihrer bekannten Kolleginnen und Kollegen erfrischend ehrlich.

Die Macht der inneren Kritikerin brechen

Die Macht der negativen Stimme beruht darauf, dass wir ihre Aussagen bisher nicht hinterfragt haben, sondern sie als unumstößliche Wahrheit hinnehmen. Wir glauben nicht nur, unfähig zu sein, wir *sind* unfähig. Wir glauben nicht nur, unattraktiv zu sein, wir *sind* es. Wir glauben nicht nur, dass wir uns blamiert haben, wir *haben* uns blamiert. Dass wir die negative Stimme mehr oder minder widerstandslos akzeptieren, liegt daran, dass wir sie zu einer Zeit verinnerlicht haben, in der wir bedingungslos offen waren und ihr nichts entgegensetzen konnten. Wie soll ein Kind auch wissen, dass der Vater es verächtlich behandelt, weil er Minderwertigkeitsgefühle hat? Dass die Mutter ihm keine Zärtlichkeit gibt, weil sie selbst keine bekommen hat? Dass die Eltern sich wenig um es kümmern, weil sie Existenzsorgen haben und deshalb so viel arbeiten? Das Kind übernimmt gläubig alle Zuschreibungen und Urteile und zieht seine eigenen falschen Schlüsse aus dem, was es erfährt: Es ist meine Schuld, ich bin nicht in Ordnung.

Heute sollten wir wissen: Die Stimme der inneren Kritikerin wiederholt nur alte Geschichten, mit dem Wahrheitsgehalt von Kindermärchen. Mit den folgenden drei Schritten kann es uns gelingen, sie endlich zum Schweigen zu bringen.

Die negative Stimme in flagranti erwischen

Der erste Schritt besteht darin, die innere Kritikerin auf frischer Tat zu ertappen. Allerdings ist das gar nicht so einfach. Sie huscht nämlich meist blitzschnell durch unseren Kopf und wir registrieren nur noch ihre schwächende Wirkung. Trotzdem gibt es eine Chance, sie zu erwischen. Ein deutlicher Anzeiger dafür, dass sie mal wieder aktiv ist, ist unser Gefühl. Wann immer Sie sich klein, unsicher, unwohl oder sonst wie schlecht fühlen, überlegen Sie gezielt: »Was habe ich eigentlich gerade gedacht?« Garantiert werden Sie auf einen Satz stoßen, der Ihnen kurz vorher durch den Kopf gegangen ist. Das kann etwa so klingen: »Ich bin falsch angezogen, wie peinlich«, »Keiner kümmert sich hier um mich, bestimmt finden die mich langweilig«, »Das kann ich mir nicht erlauben, das macht einen schlechten Eindruck«, »Das kriege ich nicht hin, das wird ein Fiasko«. Diese Gedanken bilden die konkrete Basis für den nächsten Schritt zur Veränderung.

Der negativen Stimme Paroli bieten

Nun geht es darum, unsere positive innere Stimme zu aktivieren, indem wir der negativen Aussage ein schlagkräftiges Argument entgegenhalten. Dabei ist es nicht mit einem simplen Widerspruch getan, nach dem Motto: »Ich schaffe das nicht« – »Ich schaffe das doch«. Es funktioniert nur, wenn wir etwas finden, das uns wirklich überzeugt. Wir müssen dasjenige Argument entdecken, das für uns persönlich stichhaltig ist. Gegen-Sätze sind keine Konfektion, die wir in einem Buch über positives Denken nachschlagen können, sondern Maßarbeit.

Angenommen, Ihr negativer Gedanke lautet: »Keiner kümmert sich um mich, bestimmt finden die mich langweilig.« Dann kontern Sie etwa: »Das kann ja auch andere Gründe haben. Vielleicht sind die Leute nur zurückhaltend, weil sie mich nicht kennen. Am besten stelle ich mich mal vor.« Oder Sie denken vielleicht: »Das kriege ich nie hin.« Dann halten Sie dagegen, dass Sie wahrhaftig schon Schwierigeres in Ihrem Leben geschafft haben als die aktuelle Herausforderung.

Die Ausnahme suchen

Manche unserer negativen Gedanken stammen aus Familienbesitz, andere beruhen auf allgemein akzeptierten Regeln oder einer gesellschaftlichen Meinung, wie »Dafür bin ich zu alt«, »Die nehmen doch nur Leute mit Hochschulstudium«, »So viel Geld kriegt man dafür nie«. Suchen Sie nach Belegen, die gegen die übliche Erfahrung sprechen. Fragen Sie sich: Ist das garantiert immer so? Ist das in jedem Fall so? Gibt es Ausnahmen? Kenne ich eine solche Ausnahme? Kennt jemand aus meiner Umgebung eine Ausnahme?

> Kristin, 48, kam in mein Coaching, weil sie sich nach längerem Single-Leben einen Partner wünschte, aber nicht so recht daran glaubte, dass es in ihrem Alter überhaupt noch möglich sei. In ihrem Kopf spukten Sätze herum wie: »Alle guten Männer sind entweder vergeben oder schwul«, und sie vertraute der Statistik, dass eine Frau in der Lebensmitte eher vom Blitz erschlagen wird, als dass sie den Mann fürs Leben findet. Ich konnte ihre negative innere Stimme mit meiner umfangreichen und ständig aktualisierten Sammlung glücklicher Liebesgeschichten entkräften. Das Besondere an dieser Stoffsammlung ist nämlich, dass sich die

Paare erst im Alter zwischen 50 und 90 Jahren kennengelernt haben.

Ausnahmen bestätigen nicht die Regel, sie setzen sie außer Kraft. Solange es auch nur eine einzige Abweichung von Ihrer negativen Annahme gibt, ist das Gewünschte auch für Sie im Bereich des Möglichen. Dann geht es darum, die hinderlichen Erwartungen loszulassen und stattdessen mit Schwung alles Erforderliche zu tun, um das gewünschte Ziel zu erreichen.

Sie werden schnell merken, dass Ihnen immer dieselben negativen Sätze zu schaffen machen. Offenbar handelt es sich um einen Pool schwächender Gedanken, die stets um die gleichen Themen kreisen, etwa um unser Äußeres, unsere Intelligenz, unsere Gesundheit und Fitness, unsere Kenntnisse, unsere sozialen Kontakte, unsere Liebesbeziehungen, unsere Herkunft, unser Alter oder unsere Chancen im Leben. Diese Eingrenzung vereinfacht die Sache. Wenn Sie jetzt Ihre Arbeit gründlich machen, können Sie davon noch lange zehren.

- Sobald Sie einem negativen Satz ein überzeugendes Argument entgegengesetzt haben, notieren Sie beides auf einer Liste.
- Prägen Sie sich das jeweilige Gegenargument ein. Wenn Ihnen wieder einer Ihrer negativen Lieblingssätze durch den Kopf huscht, haben Sie sofort das Gegengift parat.

Der Gedankenfilter

Nicht immer haben wir Zeit und Lust, uns intensiv mit unserem inneren Dialog zu beschäftigen und für einen negativen Gedanken ausführlich Gegenargumente zu finden. Manchmal sind wir auch unsicher, ob uns die negative innere Stimme nicht vielleicht doch die Wahrheit sagt, und plagen uns deshalb mit Grübeleien. Für diese Fälle habe ich ein Schnellverfahren entwickelt. Ich nenne es in aller Bescheidenheit den »Wlodarek'schen Filter«. Er besteht aus einer einzigen Frage: »Ist dieser Gedanke nützlich?« Macht er glücklich, stark, mutig, entschlossen? Hilft er, Ziele zu erreichen und Träume zu verwirklichen? Löst er ein gutes Gefühl aus? Lautet die Antwort darauf Nein, dann darf dieser Gedanke den mentalen Filter nicht passieren. Sagen Sie innerlich »Stopp« und lenken Sie sich mit einer Beschäftigung ab, die Ihre Konzentration erfordert. Oder ersetzen Sie ihn schleunigst durch einen nützlichen Gedanken. Das ist oft nur eine Frage der Formulierung. Sie denken etwa vor einer Fortbildung: »Hoffentlich kapiere ich das überhaupt.« Macht Ihnen dieser Gedanke Lust auf Lernen? Gewiss nicht. Also formulieren Sie um: »Wenn ich etwas nicht verstehe, dann werde ich fragen oder das Material abends in Ruhe nacharbeiten.« Schon fühlen Sie sich wieder als Herrin der Lage.

Das Denken dauerhaft umpolen

Es klingt reichlich anstrengend, den eigenen Geist ständig kontrollieren zu müssen. Tatsächlich setzt es Disziplin voraus, mühselig und spaßbefreit muss es aber trotzdem nicht sein. Nehmen Sie es sportlich, nach dem Motto: »Dich kriege ich!« Eine Klientin, der ich die Methode vermittelte, sagte mit leuchtenden Augen: »Bisher habe ich unter meiner negativen inneren Stimme gelitten. Jetzt freue ich mich sogar darauf, sie zu erwischen und mundtot zu machen.«

Hilfreich ist es auch, sich die geistige Disziplin in kleine Einheiten einzuteilen. Überlebenskünstler raten, im Notfall nicht zu weit vorauszudenken, sondern immer nur den nächsten Schritt in Angriff zu nehmen, damit man handlungsfähig bleibt. Demnach sollte man sich bei einem Schiffsunglück darauf konzentrieren, sich erst einmal aus der Kabine zu befreien und nicht geistig schon ins Rettungsboot springen. Das vermittelt auch das Zwölf-Stufen-Programm der Anonymen Alkoholiker. Statt sich mit dem Plan zu überfordern, von jetzt an bis zum Lebensende trocken zu bleiben, verzichtet man ganz praktisch Tag für Tag. Verfahren Sie genauso und sagen Sie sich: *Heute* enttarne ich meine negative innere Stimme und setze ihr die positive entgegen.

Mit dieser mentalen Selbstdisziplin können wir auf die Dauer unsere falsch verlegten neuronalen Pfade ändern. Dazu gibt es keine Alternative. Ein Spruch sagt: »Wenn du tust, was du immer getan hast, bekommst du auch nur, was du immer bekommen hast.« Auf die negative innere Stimme angewandt heißt das: »Wenn du denkst, was du immer gedacht hast, erreichst du auch nur, was du immer erreicht hast.«

Pam Groult drückt es noch drastischer aus: »Möchten Sie wirklich, dass Ihr Leben von der Weltsicht eines fünfjährigen Kindes bestimmt wird?« Sicher nicht, vor allem, wo sich unser Bewusstsein wirklich umpolen lässt. Albert Ellis, der Begründer der Rational-Emotiven Therapie, ist davon überzeugt, dass wir uns über unsere Gedanken entscheidend verändern können. Er sagt: »Wir sind in der Lage, selbst unseren eingefahrensten Verhaltensweisen eine neue Richtung zu geben. Wir sind nicht Sklave unserer eigenen Gewohnheiten, wenn wir es nicht wollen. Denn wir können uns unserer Umgebung und unserer selbst bewusst sein. Wir werden mit dem seltenen Potential geboren, unsere Beobachtungsgabe und unsere Fähigkeit, nachzudenken, uns selbst gegenüber einzusetzen.« Sie sehen, es liegt überwiegend in Ihrer Hand.

# 4. Das Muster ändern

Für unser Selbstvertrauen ebenso wichtig wie die innere Stimme, aber wesentlich komplexer, ist die spezielle »Aufgabe«, die wir von unserer Familie übernommen haben. Welche Rolle uns zugedacht wurde, bestimmen oft die Verhältnisse: Die Stellung in der Geschwisterfolge, ob das Geschlecht erwünscht ist, ob ein Elternteil fehlt oder ob jemand im Umfeld krank, behindert oder verhaltensauffällig ist. Auch der Status der Familie und ihre Werte haben Einfluss, ebenso wie die persönlichen Vorlieben und Ziele der Menschen in unserer nächsten Umgebung. Worin unsere Aufgabe besteht, wird meist nicht deutlich ausgesprochen, sondern unterschwellig vermittelt. Etwa über Lob für das richtige Verhalten oder über Sehnsüchte, die wir unseren Eltern intuitiv abspüren. Auch Aussagen über uns zeigen in die gewünschte Richtung, wie: »Um dich brauchen wir uns zum Glück keine Sorgen zu machen.« Was immer uns in jungen Jahren auferlegt wurde, prägt unsere Persönlichkeit meist so tief, dass es uns bis heute bestimmt. Die ursprüngliche Aufgabe führt zu einem permanenten Verhaltensmuster.

Der innere Auftrag

Ich habe im Folgenden einen »Musterkoffer« mit den häufigsten indirekten Anweisungen oder Aufgaben zusammengestellt. Fast immer lassen sie sich zu einer Botschaft verdichten, die uns dann in vielfältiger Form vermittelt wurde.

Schauen Sie doch mal, ob Sie in einer oder vielleicht sogar in mehreren der beschriebenen Anweisungen Ihr eigenes Muster wiederfinden. Manche der Sätze klingen zunächst so, als ob sie ein guter Antrieb zum Erfolg seien. Teilweise ist das sicher auch der Fall, doch es handelt sich dabei oft um eine zweischneidige Motivation. Sie bedingt, dass wir immer erfolgreich sein müssen, keine Fehler machen und keine Schwäche zeigen dürfen. Genau diese Muster führen leicht zum Scharlatan-Syndrom, denn schließlich ist kein Mensch perfekt.

»Sei erfolgreich!«

Vor einiger Zeit erregte ein Sachbuch die pädagogische Szene. Mit dem Titel »Die Mutter des Erfolgs. Wie ich meinen Kindern das Siegen beibrachte« beschrieb die Juraprofessorin Amy Chuan, Amerikanerin chinesischer Herkunft, wie sie ihre beiden Töchter zur Höchstleistung getrieben hat. Für westliches Verständnis ist es sicher gewöhnungsbedürftig, dass eine Mutter droht, die Kuscheltiere ihrer Tochter zu verbrennen, falls diese nicht ausreichend Klavier übt. Hierzulande gibt es zwar weniger auffällige »Tiger Moms«, dennoch haben viele Eltern eine sehr ehrgeizige Einstellung – nur Siege zählen, der zweite Platz ist für Versager.

> »Warum hast du keine Eins?«, fragte Bettys Mutter enttäuscht, als ihre 13-jährige Tochter strahlend mit einer Zwei in der Englischarbeit nach Hause kam. Lob? Fehlanzeige. Gleich nach dem Mittagessen musste sich Betty hinsetzen und Vokabeln lernen. So hat Betty das Muster »Sei erfolgreich!« verinnerlicht und weiß: Liebe gibt es nur für Leistung. Sie wird sich später äußerst schwer damit tun, keine Bestleistung abzuliefern, denn Scheitern bedeutet, nicht liebenswert zu sein.

»Mach mir keine Sorgen!«

Überforderte Eltern vermitteln ihrem Kind, dass sie keine zusätzliche Belastung vertragen. Das ist zum Beispiel bei Geschäftsleuten der Fall, die ihre ganze Kraft in den Betrieb stecken. Oder wenn es in der Familie bereits ein Geschwister gibt, das sämtliche Aufmerksamkeit erfordert, weil es schwerkrank oder verhaltensauffällig ist. Die Botschaft wird dann gerne in eine Bestätigung verpackt, wie großartig und tüchtig die Tochter doch ist und wie gut sie alleine zurechtkommt. Das Anti-Sorgen-Muster führt dazu, dass wir uns verpflichtet fühlen, immer aktiv und fähig zu erscheinen. Mit unseren Problemen möchten wir keinen belasten. Die wollte doch schon früher niemand hören.

> Laura ist zufällig an einem Sonntag geboren. Das nutzte ihre Mutter, um ihr als »Sonntagskind« besondere Stärken zuzusprechen. »Sonntagskindern gelingt alles, die haben immer Glück.« Tatsächlich trug dieser Zauberspruch dazu bei, dass Laura sich viel zutraute und erfolgreich war. Gleichzeitig transportierte er aber auch: »Bei diesem besonders guten Start hast du kein Recht, etwas nicht zu schaffen.«

»Sei der Sinn meines Lebens!«

Manche Eltern sind total auf ihr Kind fixiert, wobei es sich meist um ein Einzelkind handelt. Unablässig kreisen sie um das Wohl ihres Nachwuchses. Pädagogen sprechen in diesem Zusammenhang von »Helikopter-Eltern«. Meist ist es die Mutter, die ihr Kind zum Lebensinhalt macht, vor allem wenn sie nicht berufstätig ist. Das Kind wird zwar bestens versorgt, verwöhnt und gefördert, darf aber dafür kein Eigenleben haben. Als Erwachsene trauen sich die Sprösslinge von Helikopter-Eltern oft nicht, ihre eigenen Wünsche durchzusetzen. Oder sie erwarten, dass ihnen Erfolg ohne größere Anstrengung in den Schoß fällt.

Beim kleinsten Husten oder Kopfweh ging Sophias Mutter mit ihr zum Arzt. Wenn sie glaubte, ein Lehrer hätte Sophia zu Unrecht kritisiert, stand sie prompt beim Schuldirektor auf der Matte. Sie war über jede Minute von Sophias Tag informiert, zumal diese mit einem Handy ausgestattet war, das sie nicht ausschalten durfte.

»Sei meine Vertraute!«
Wenn ein Elternteil in der Partnerschaft unglücklich ist, sucht er in dem Kind oft einen Verbündeten. Dadurch wird es viel zu früh mit den Problemen der Erwachsenen konfrontiert.

Schon im Alter von sechs Jahren musste sich die kleine Maja anhören, welche Schwierigkeiten ihre Mutter mit dem Vater hatte: »Dein Papa ist so geizig, der gönnt mir nicht mal ein paar neue Schuhe«, »Dein Papa schaut immer nach anderen Frauen und kümmert sich nicht um mich.« Manchmal nahm sie Maja weinend in den Arm: »Mein kleines Mädchen, wenigstens du bist lieb zu mir.«

Wer mit dieser Anforderung groß geworden ist, neigt dazu, sich als seelischer Kummerkasten missbrauchen zu lassen. Man ist es schließlich gewohnt. In beruflichen Teams nehmen diese Menschen die Rolle der geduldig Zuhörenden ein, bei der man sich gerne ausspricht. Dass sie dabei möglicherweise in Loyalitätskonflikte geraten oder überfordert sind, interessiert nicht.

»Lebe meinen Traum!«
Manche Eltern benutzen ihren Nachwuchs zur Befriedigung der eigenen Sehnsüchte. Sie zwingen das Kind in eine Laufbahn, die sie selbst gerne eingeschlagen hätten, in der sie versagt haben oder nicht weit genug gekommen sind.

Ein prominentes Beispiel dafür ist Steffi Graf. Ihr Vater, ursprünglich Versicherungskaufmann und Gebrauchtwagenhändler, brachte es im Tennis nur bis in die deutsche Regionalliga. Als er die Begabung seiner Tochter entdeckte, übertrug er seinen eigenen Traum vom Top-Tennis auf sie. Schon im Kindergartenalter ließ er Steffi im Wohnzimmer mit einem abgesägten Holzschläger Bälle über das Sofa spielen. Für 20 Schläge ohne Unterbrechung gab es eine Salzstange. Entlarvend ist, dass Steffi Graf nach ihrem Abschied vom Tenniszirkus ohne triftigen Grund keinen Schläger mehr in die Hand nimmt. Echte Freude und Leidenschaft an einer Tätigkeit sehen anders aus!

Doch auch wenn der Druck sanfter ist, weiß die Tochter sehr genau, was sich die Eltern von ihr wünschen: einen Doktortitel, eine Karriere in der Politik, einen Schönheitspreis, einen vorzeigbaren Schwiegersohn. Das Programm ist eingespeichert und wird verfolgt, oft mühsam und über viele Jahre.

»Beschütze mich!«

Diese Aufgabe fällt meist den Söhnen alleinerziehender Mütter zu. Aber auch Töchter übernehmen sie, wenn ihre Mutter sich als hilflos erweist. Dann entwickeln sie schon in jungen Jahren ein erstaunliches Organisationstalent, verhandeln mit Handwerkern und füllen komplizierte Formulare aus. Oder sie holen für Mama die Kastanien aus dem Feuer.

> Violas Mutter ist geschieden. Einmal im Monat wurde die zwölfjährige Viola losgeschickt, den Unterhalt in bar bei ihrem Vater abzuholen, der im gleichen Ort mit seiner neuen Frau lebte. Ihre Mutter fühlte sich nicht in der Lage, das Geldproblem mit ihrem Exmann anders zu regeln.

Eine Beschützerfunktion gibt man meist nicht auf. Und hört später vielleicht das zweifelhafte Lob: »Sie sind die gute Seele unserer Abteilung!« Nur bedauerlich, dass sich die gute Seele selbst kaum beschützen kann. Das hat sie nicht gelernt.

»Bring es weiter als wir!«

Die Eltern leben in bescheidenen Verhältnissen. Oder sie leiden darunter, dass sie aufgrund von äußeren Umständen ihr Potenzial nicht entfalten konnten. Ihrem Kind, das sie sehr lieben, möchten sie diese Entbehrung ersparen. Um ihm eine gute Ausbildung zu ermöglichen, schränken sie sich ein. Sie drängen darauf, dass es fleißig lernt, gute Noten nach Hause bringt, sich die richtigen Freunde sucht. Oft fällt der Satz: »Wir wären damals froh gewesen, wenn ...«

> Diesen Satz kennt Uta zur Genüge. Im Gegensatz zu den Nachbarn in der Hochhaussiedlung, in der sie wohnten, verzichteten ihre Eltern auf eine neue Wohnzimmergarnitur oder einen Urlaub in Italien, damit Uta das Abitur machen und Jura studieren konnte. Uta verinnerlichte, wie privilegiert sie ist und dass sie ihre Eltern auf keinen Fall enttäuschen darf.

»Bewahre unsere Werte!«

Gesellschaftliche und religiöse Gemeinschaften zeichnen sich häufig durch Regeln und Gesetze aus, die nicht übertreten werden dürfen. Die Eltern erwarten, dass ihr Kind die Moralvorstellungen übernimmt und ihnen treu bleibt. Wenn nicht, drohen Sanktionen.

> Esther stammt aus einem streng katholischen Elternhaus. Sie musste regelmäßig beichten und zur Messe gehen. Wenn sie ungehorsam war, Widerworte gab oder ihren kleinen Bruder ärgerte, sagte ihre Mutter: »Jetzt weint dein

Schutzengel, weil du so ein böses Mädchen bist.« In der Pubertät wurde Sexualität zum Thema. Als der Vater Esther erwischte, wie sie im Garten einen Nachbarsjungen küsste, war im wahrsten Sinne des Wortes die Hölle los. Er sah seine Tochter schon als gefallene Sünderin.

Zwar befreien sich viele Frauen später von dem Einfluss ihrer Eltern, die moralischen Implantate sind jedoch nicht so leicht zu entfernen und führen immer wieder zu Schuldgefühlen.

»Werde nicht erfolgreicher als wir!«

Manchen Eltern fürchten, ihr Kind könnte sich ihnen entfremden oder sie würden es verlieren, wenn es mehr kann und weiß als sie selbst. Davor versuchen sie sich zu schützen, indem sie seine Entfaltung über die eigenen Grenzen hinaus verhindern. Im schlimmsten Fall sind Minderwertigkeitsgefühle das Motiv. Wenn die Eltern spüren, dass ihr Nachwuchs im Gegensatz zu ihnen besondere Interessen oder Begabungen hat, setzen sie Verbote und Entwertungen bis hin zur Grausamkeit ein, damit das Kind nicht auf die Idee kommt, sie zu überflügeln.

Die Lyrikerin und Schriftstellerin Ulla Hahn berichtet in ihrem autobiografischen Roman »Das verborgene Wort«, wie Bildungshunger bestraft wird. Auch Elke Heidenreich, bekannt als Literaturkritikerin und durch eigene Veröffentlichungen, hat in ihrer Familie Ähnliches erlebt. Sofern man überhaupt die Kraft hat, sich gegen solche Beeinträchtigungen zu wehren, ist es ungeheuer schwer, auf dieser Basis echtes Selbstvertrauen zu gewinnen. Die Verletzungen sitzen tief.

»Sei ein Junge!«

Auch wenn wir nicht in Indien oder China leben, hält sich bei manchen Eltern hartnäckig der Mythos, ein Junge sei mehr wert als ein Mädchen. Besonders, wenn schon weibliche Geschwister vorhanden sind, wird der Wunsch nach einem Stammhalter virulent. So kommt es, dass ein Mädchen einfach zum Jungen umfunktioniert wird, zunächst durch optische Veränderung. Die Kleine wird in Hosen gesteckt und bekommt einen Kurzhaarschnitt verpasst. Oft erhält es auch noch einen Jungsnamen. Aus Alexandra wird Alex, aus Petra Peter, aus Nicola Nick. Dann greift die dazu passende Erziehung. Das Mädchen darf nicht weinen, keine weichen und zärtlichen Gefühle zeigen, muss mutig sein, sich durchsetzen.

> Das hat auch Felicitas alias Felix erlebt. Sie hätte so gerne lange Locken gehabt. Stattdessen wurde sie zum Herrenfriseur geschleppt und kurz geschoren. Als sie mit Latzhose und kariertem Hemd in den Kindergarten kam, wurde sie gleich als Junge wahrgenommen. »Da kommt ja unser Felix«, begrüßte sie die Erzieherin.

Zum falschen Geschlecht gezwungen zu werden ist ein grausames Muster. Es verletzt die Identität. Viele Betroffene haben es später schwer, ihre Weiblichkeit anzunehmen.

Varianten der Muster

Neben dieser Auswahl der gängigsten Botschaften gibt es natürlich noch zahlreiche Varianten: »Tröste mich!« kennen zum Beispiel Töchter, in deren Familie ein Geschwister gestorben ist.

> Nachdem Anjas kleiner Bruder Ingo durch einen tragischen Autounfall ums Leben kam, fielen die Eltern in tiefe Trauer. Anja tat alles, um ihnen den Sohn zu ersetzen. Verzweifelt versuchte sie auszugleichen: »Ihr habt doch noch mich.«

»Heitere mich auf, sei mein Sonnenschein!« ist eine verbreitete Botschaft von Eltern, die selbst nicht viel Lebensfreude empfinden. Wenn Petra aus der Schule kam, erzählte sie ihrer depressiven Mutter immer nur positive Erlebnisse und lustige kleine Geschichten. Dass sie von Klassenkameraden gemobbt wurde und in Mathematik eine Fünf drohte, hätte sie ihr niemals zugemutet. Manche erhalten auch die Botschaft: »Werde nicht erwachsen, bleibe mein kleines Mädchen!« Oder: »Verunsichere mich nicht!« Entsprechend angepasst zeigt sich die Tochter. Eine spezielle Botschaft ist »Sei wie ich!«. Zum Beispiel krank, hilflos, süchtig. Das wird häufig über »Familientraditionen« transportiert: »In unserer Familie haben alle eine schwaches Herz.« Oder: »Am Ende geht es dir noch wie deiner Tante Rita, die kam auch nicht von den Zigaretten los.«

Die Folgen des Musters

Welches Muster wir auch immer durch den elterlichen Einfluss entwickelt haben, es hat einen entscheidenden Webfehler: Es ist nicht unser eigenes. Das führt dazu, dass wir Teile von uns ausblenden. Was nicht ins Muster passt, wird verdrängt. Wer etwa in einer religiösen Gemeinschaft mit der Botschaft »Liebe deinen Nächsten!« aufwächst, darf sich nicht eingestehen, dass er egoistische Wünsche hat und seinen Nächsten manchmal von Herzen hasst. Wer gelernt hat, immer erfolgreich zu sein, verachtet sich für Schwäche und Versagensängste und lehnt sie auch bei anderen heftig ab. Wer als »Sonntagskind« die Lizenz zum Strahlen hat, verkriecht sich am liebsten, wenn er traurig oder deprimiert ist. Die ungeliebte Seite wird zu dem, was C. G. Jung den »Schatten« nennt. Auch wenn wir sie vor anderen verbergen, wissen wir doch, dass sie existiert. Das macht uns unsicher und raubt uns Selbstvertrauen.

Darüber hinaus verstärkt die Botschaft bestimmte Verhaltensweisen. Was wir früh geübt haben, fällt uns leicht und wir beherrschen es perfekt, schließlich sind wir von Kindesbeinen an im Training. Verständlich, dass wir am liebsten anwenden, was uns das meiste Lob und den größten Erfolg verspricht. Weil es so gut funktioniert, bleiben wir dabei. Die »Trösterinnen« etwa sind wunderbare Zuhörerinnen. Die »Sonnenscheinchen« sorgen für Stimmung und sind immer gut gelaunt. Die »Unterstützerinnen« organisieren bestens und tun sich als Mentorin hervor. Nichts gegen diese Fähigkeiten, aber wenn wir den Schwerpunkt allein darauf legen, begrenzen wir unser Repertoire.

Nicht zuletzt kann das Muster auch die Berufswahl beeinflussen. Obwohl eine andere Richtung vielleicht viel befriedigender wäre, erfüllen wir, was man von uns erwartet.

Kathrins Vater träumte davon, dass sein einziges Kind einmal seine Zahnarztpraxis übernehmen sollte. Kathrin studierte Zahnmedizin und besuchte heimlich Vorlesungen in Theaterwissenschaft. Sie wäre liebend gern Regisseurin geworden, aber in ihrem Kopf saß fest: Papa verlässt sich doch auf mich! Heute ist sie eine mittelmäßige Zahnärztin. Auf Kongressen oder im Gespräch mit Kollegen spürt sie, dass sie weniger engagiert ist. Von ihrer früheren Leidenschaft ist ihr nur noch ein Theaterabonnement geblieben. Wer weiß, was auf dem Gebiet aus ihr hätte werden können!

In meiner Praxis habe ich schon häufig erlebt, dass Frauen durch den Einfluss ihrer Eltern auf eine für sie falsche Schiene gerieten. Wie die Theologin, die lieber Malerin geworden wäre. Oder die Notarin, die sich brennend für Psychologie interessiert. Es kostet viel Mut, noch einmal ganz von vorne anzufangen, besonders, wenn man sich bereits etabliert hat. Was dann oft bleibt, ist das Gefühl, am falschen Platz zu sein. Man hat zwar durchaus Erfolge, ist aber nicht wirklich mit Herzblut dabei.

Die Kehrseite der Medaille – Rebellion

Manche Frauen wollen sich als Erwachsene von der elterlichen Botschaft befreien, indem sie sie in Bausch und Bogen ablehnen. Töchter aus leistungsorientierten Elternhäusern mutieren zu lässigen WG-Bewohnerinnen. Diejenigen, die immer auf andere Rücksicht nehmen mussten, verkünden kategorisch: »Jetzt bin ich dran!« Frauen, die in streng religiösen Gruppierungen aufwuchsen, gehen nicht einmal mehr an Weihnachten in die Kirche. Töchter, die sich rigiden gesellschaftlichen Normen beugen mussten, lehnen diese später komplett ab. So rechnete etwa die Gräfin Elisabeth von Plessen in ihrem Buch »Mitteilung an den Adel« schonungslos mit ihrer Herkunft ab und nannte sich als Schriftstellerin schlicht Elisabeth Plessen.

Bei der vehementen Ablehnung wird leicht übersehen, dass es sich nur um die Kehrseite der Medaille handelt. Das Pendel schwingt lediglich in die entgegengesetzte Richtung. Rebellion ist zwar ein Ansatz zur Veränderung, aber noch keine echte Auflösung des inneren Vertrages.

Das Muster dauerhaft verändern

Am Anfang wirklicher Veränderung steht die Erkenntnis, dass es sich um ein erworbenes Muster handelt – und nicht um eine für alle Ewigkeit festgeschriebene Verhaltensweise oder gar eine angeborene Seite der Persönlichkeit. Im nächsten Schritt geht es dann darum, das Muster genauer unter die Lupe zu nehmen. Dabei sind folgende Fragen hilfreich: Wofür bekam ich früher Lob und Zuwendung? Was wurde von mir verlangt? Welches Verhalten wurde sanktioniert, bestraft oder abgelehnt? Mit diesen Überlegungen können Sie die Einflüsse im Detail identifizieren.

Sie können sich Ihrem Muster aber auch auf eine kreative und intuitive Weise nähern. Sie hat den Vorteil, dass Sie damit nicht nur ein tiefes Wissen aus Ihrem Unterbewusstsein heraufholen, sondern gleichzeitig auch einen Zugang zu dem finden, was Sie sich wirklich wünschen und was Ihrem Wesen entspricht.

Das Märchen Ihres Lebens

Schreiben Sie ein Märchen über Ihr Leben von den Anfängen bis jetzt. Es sollte nicht länger als drei Din-A4-Seiten sein und möglichst von Hand geschrieben werden. Nutzen Sie dafür diese Struktur:

Überschrift
Es war einmal ein kleines Mädchen …
Als es größer wurde …
Schließlich war es erwachsen …
Glücklich war es …
Sein heimlicher Kummer war …
Heute …
Eine gute Fee erfüllt ihm jetzt seinen Herzenswunsch …

Wenn Sie sich am Ende Ihr Märchen durchlesen, werden Sie ganzheitlich erfassen können, was bisher Ihr Leben und Ihre Einstellung zu sich selbst bestimmt hat und wonach Sie sich im Grunde Ihres Herzens sehnen.

Training zur Veränderung

Sie haben herausgefunden, wie Ihr Muster aussieht, und sind entschlossen, Ihr Verhaltensrepertoire zu erweitern? Dann gilt es, von jetzt an im Alltag äußerst aufmerksam zu sein. Das Muster ändert sich nämlich nicht durch graue Theorie, sondern nur in der Praxis. Wie schon bei der negativen inneren Stimme geht es auch hier nach dem Motto »Catch me if you can« darum, es in Aktion zu erwischen und dann anders als gewohnt zu reagieren. Sie müssen sich jedes Mal fragen: Was will ich jetzt?

> Lisa hat das Muster der pflegeleichten Tochter verinnerlicht, ist immer auf Harmonie bedacht. Nach einer Geschäftsreise fährt sie vom Flughafen mit dem Taxi nach Hause. Normalerweise unterhält sie sich ein wenig mit dem Fahrer über das Wetter oder die Verkehrslage, weil sie nicht unhöflich sein möchte – selbst wenn sie dazu keine Lust hat. Diesmal sagt sie nur »Guten Abend« und nennt ihr Fahrtziel. »Das ist mir ungeheuer schwergefallen«, gesteht sie. »Ich kam mir vor wie der letzte Stoffel. Aber nach dem anstrengenden Tag mochte ich nicht mit einem Fremden reden.«

Es geht also um klitzekleine Veränderungen im Verhalten, die doch ein großer Schritt für den Abbau des Musters sind. Probieren Sie aus, weniger pflegeleicht und nachgiebig zu sein. Weniger zuzuhören. Sich nicht für Harmonie und Wohlbefinden zuständig zu fühlen. Zu schweigen. Mehr zu fordern. Sich etwas zu gönnen. Ehrgeizig zu sein. Werte zu hinterfragen. Sich weiblich anzuziehen. Anderen die Verantwortung zu überlassen, anstatt gleich zur Rettung zu eilen. Selbst mal um Hilfe zu bitten.

Geben Sie sich endlich die Erlaubnis, auch die Seiten auszuleben, die Ihnen Ihr Muster strikt verboten hat. Sagen Sie sich:

- Ich darf oberflächlich sein.
- Ich darf träge sein.
- Ich darf ungerecht sein.
- Ich darf wütend sein.

- Ich darf widersprechen.
- Ich darf sexy sein.
- Ich darf egoistisch sein.
- Ich darf langweilig sein.
- Ich darf beleidigt sein.
- Ich darf etwas nicht wissen.
- Ich darf rachsüchtig sein.
- Ich darf auf meinen Vorteil bedacht sein.
- Ich darf berechnend sein.
- Ich darf geizig sein.
- Ich darf gierig sein.
- Ich darf unzuverlässig sein.
- Ich darf Ansprüche stellen.
- Ich darf mich an die erste Stelle setzen.

Ergänzen Sie gerne, was Ihnen noch auf der Liste fehlt. Und keine Sorge, Sie mutieren deshalb nicht zur Zicke, zur Diva oder zum egoistischen Monster. Sie erweitern nur Ihr gewohnt angepasstes Repertoire um einige Facetten.

Die Übergangsphase bewältigen

Sobald wir anfangen, unser Muster abzulegen, fühlen wir uns zunächst wie ein Vogel in der Mauser. Das Alte ist weg und das Neue noch nicht da. Kein Wunder, dass uns das unsicher und verletzlich macht. Schließlich ist uns das Muster vertraut und hat uns jahrelang eine Struktur gegeben. Nun müssen wir unsere Persönlichkeit zum großen Teil neu definieren. Dabei kommen wir uns in unserer Haut fremd vor und haben oft den Eindruck: »Das bin gar nicht ich.« Diese Frau, die plötzlich Ansprüche an ihren Partner stellt. Die sich traut, Weihnachten nicht mit der Verwandtschaft zu verbringen. Die keine Lust hat, die Feuerwehr für die chaotische Kollegin zu spielen. Die den fordernden Kunden nicht sofort zurückruft. Die das Wochenende auf dem Sofa vertrödelt, statt die Präsentation zu perfektionieren. Das

Gefühl des Unbehagens müssen Sie einfach aushalten, denn die veränderten Verhaltensweisen brauchen Zeit, um sich zu etablieren. Je öfter Sie sie einsetzen und damit Erfolg haben, desto selbstverständlicher werden sie. Und irgendwann stellen Sie dann fest: Ich habe ein neues Muster – nämlich mein eigenes.

Konsequent bleiben

Das veränderte Verhalten ist nicht nur für Sie neu, sondern auch für Ihre Umgebung. Man wird versuchen, Sie wieder in die alte Form zu pressen. Besonders diejenigen, die bisher von Ihrem Muster profitiert haben, werden sich das ungern nehmen lassen. Sie müssen deshalb mit Gegenwehr rechnen. Die hört sich etwa so an: »So kenne ich Sie ja gar nicht«, »Du hast dich aber verändert, früher warst du viel netter«, »Dir ist wohl eine Laus über die Leber gelaufen«, »Du bist aber unkooperativ.«

Für das junge Pflänzchen Ihrer Veränderung ist das natürlich irritierend. Sie fürchten, Zuneigung zu verlieren, und fragen sich: »Habe ich es vielleicht übertrieben?« Fallen Sie jetzt bitte nicht um! Manipulationen dieser Art sind nur ein Test, wie ernst es Ihnen mit der Veränderung ist. Wenn Sie durchhalten und bei Ihrem neuen Verhalten bleiben, werden sich die anderen bald darauf einstellen. Und wer wirklich nur mit Ihnen zusammen sein möchte, wenn Sie sich anpassen, um den ist es nicht schade.

Der Gewinn für Ihr Selbstvertrauen

Wenn Sie sich von Ihrem alten Muster befreien, gewinnen Sie viel für Ihr Selbstvertrauen. Sie müssen keine Seite verstecken und dürfen mehr Sie selbst sein als je zuvor. Dabei schütten Sie keineswegs das Kind mit dem Bade aus. Die guten Eigenschaften des ehemaligen Musters können Sie nämlich gerne behalten. Schließlich ist es ein großes Plus, wenn man zuhören kann, weiß, wie man andere unterstützt, oder gesunden Ehrgeiz zeigt. Aber Sie sind nicht länger in Ihrem Muster wie in einem Schraubstock gefangen. Sie haben die Freiheit, zu reagieren, und können wählen, wie Sie sich verhalten möchten. Gewiss zeigen Sie dann mehr Ecken und Kanten als bisher, aber das hat den gleichen Effekt wie bei einem Diamanten: Er funkelt so schön, weil er so viele Facetten hat. Außerdem werden Sie feststellen, dass man Sie wesentlich mehr respektiert. Und wer weiß, vielleicht verändern Sie sich sogar beruflich. Schon so manche hat sich das getraut, nachdem das Muster erst einmal durchbrochen war.

5. Schluss mit dem Perfektionismus!

Männer können auf bestimmten Gebieten sehr genau sein, etwa wenn sie ein Regal ausmessen oder Daten auf ihren PC kopieren, aber echte Perfektionisten sind unter ihnen eher selten. Die meisten gehen recht entspannt mit ihrer Leistung, ihrer Rolle als Vater, Kollege und Freund oder mit ihrem Aussehen um. Im Gegensatz zu uns Frauen. Da kann man lange suchen, bis man eine findet, die sich nicht ständig auf sämtlichen Gebieten des Lebens Höchstleistungen abfordert: Top im Job. Eine verständnisvolle und erotische Partnerin. Eine gute Mutter. Schlank und schön. Außerdem eine hervorragende Gastgeberin, treue Freundin, interessante Gesprächspartnerin – bitte um weitere Bereiche ergänzen.

Wie werden wir zu Perfektionistinnen?

Ich gebe zu, in der Schule war ich in Mathematik alles andere als perfekt. Trotzdem habe ich eine Vorliebe für Formeln, weil man mit ihnen auf einen Blick Zusammenhänge erkennen kann. Für den Perfektionismus habe ich auch eine entwickelt:

Perfektionismus = Persönliches Muster mal Innere Kritikerin mal Äußere Anforderungen.

Die Ursachen für mangelndes Selbstvertrauen, die wir schon kennengelernt haben, führen auch zum Perfektionismus: Unser Muster gibt weitgehend vor, was wir leisten müssen, wenn wir anerkannt oder geliebt werden möchten. Unsere negative innere Stimme oder Kritikerin treibt uns gnadenlos an, dieses Soll optimal zu erfüllen. Kommt dann noch Druck von außen, schnappt die Perfektionismusfalle zu.

Wir haben von Kindesbeinen an gelernt, uns an anderen zu orientieren. Ihre Anerkennung und ihr Wohlwollen sind uns wichtig. Als Erwachsene setzen wir das fort. Die Normen, die wir anstreben, werden zum großen Teil von den Medien transportiert oder zumindest widergespiegelt. Etwa: Erfolgreiche Businessfrauen treten souverän auf. Liebevolle Mütter verbringen viel Zeit mit ihren Kindern. Gute Partnerinnen unterstützen ihre Männer und sind aufregende Geliebte. In puncto Aussehen liegt die Messlatte besonders hoch. Wir müssen schlank, attraktiv, jugendlich und sexy sein. Schönheitsoperationen, der enorme Konsum von teuren Kosmetika und die wie Pilze aus dem Boden schießenden Fitnessstudios für Frauen belegen, was wir uns auf diesem Gebiet abverlangen.

Welchen Lebensbereich wir uns auch anschauen, er wird von Perfektionismus beherrscht. Fehler im Job oder im Privatleben werden grundsätzlich als Manko angesehen. Erst ganz allmählich setzt sich das Bewusstsein durch, dass es ohne Irrtum keinen Fortschritt gibt. Frei nach dem berühmten Zitat des irischen Schriftstellers und Nobelpreisträgers Samuel Beckett: »Wieder scheitern. Besser scheitern.« Allerdings ist eine echte Fehlerkultur derzeit noch eher ein Lippenbekenntnis. Noch immer versuchen wir, Fehler möglichst zu vermeiden, und sind am Boden zerstört, wenn sie uns passieren.

Die Peitsche des Perfektionismus

Die Folgen zeigen sich nicht nur bei großen Projekten, sondern besonders im Alltag. Wenn Sie einmal die letzten 24 Stunden aufmerksam durchgehen, werden Sie mit Sicherheit auf zahlreiche Handlungen stoßen, die dem Perfektionismus geschuldet sind.

- Die Mail mit der Anfrage der Kollegin wird sofort beantwortet, obwohl sachlich keine Notwendigkeit dafür besteht und es Sie nur von Wichtigerem ablenkt. Schließlich dürfen Sie keinen warten lassen.
- Sie waschen noch schnell den Lieblingspulli Ihres Kindes. Es kann doch nicht mit einem Tomatensaucen-Fleck in die Kita, so etwas fällt sofort auf Sie als Mutter zurück!
- Zur Geburtstagsparty machen Sie die Salate selbst, das schmeckt einfach besser als ein bestelltes Buffet.
- Für die Geschäftsreise stecken Sie Reservestrumpfhosen ein. Mit einer Laufmasche aufzutreten wäre zu peinlich.
- Besuch von Bekannten steht an. Natürlich wird vorher die Wohnung tipptopp aufgeräumt und saubergemacht, auch wenn das Zeit kostet.
- Panik, Sie haben vergessen, für die Hochzeit der Freundin die passenden Schuhe zum Kleid in den Koffer zu packen. Das Paar, das Sie anhaben, sieht dazu unmöglich aus. Wo gibt es denn hier ein Schuhgeschäft?
- Sie laden Geschäftsfreunde zum Essen ein, da darf nichts schiefgehen. Deshalb gehen Sie vorher in mehrere Lokale zum Probeessen.
- Der Zeiger der Waage im Badezimmer weist in einen inakzeptablen Bereich, also gibt es mittags nur Obst.
- Ausgerechnet vor dem Meeting springt ein Knopf vom Blazer ab. Wenn Sie die Hand davorhalten, fällt das vielleicht weniger auf.
- Sie sind zwar hundemüde, doch Liebe geht durch den Magen. Also Schürze um und an den Herd.
- Die Präsentation haben Sie schon mehrfach geprobt, aber lieber noch einmal, sicher ist sicher.

Perfektion oder Perfektionismus? Das Motiv entscheidet

Vielleicht sind Sie jetzt irritiert: Was spricht denn dagegen, dass wir Bestleistungen erbringen oder einen guten Eindruck machen wollen? Was ist falsch daran, sich gründlich vorzubereiten oder sich zu bemühen, die Erwartungen anderer auch zu erfüllen? Meine Antwort wird Sie vermutlich verblüffen: Nichts spricht dagegen! Ob es sich um Perfektionismus handelt, ist nämlich keine Frage unseres Verhaltens, sondern des Motivs.

Das Motiv, das hinter dem Perfektionismus steckt, ist Angst: zu versagen, Kritik zu ernten, Ablehnung zu erfahren, Opfer von Klatsch zu werden, sich zu blamieren, nicht gut genug zu sein, andere zu enttäuschen. Kurz, hinter Perfektionismus steckt mangelndes Selbstvertrauen.

Ob Sie gerade perfektionistisch handeln, lässt sich leicht an Ihrem Gefühl und den damit verbundenen körperlichen Reaktionen feststellen. Wann immer Sie spüren, dass Sie unter Stress geraten und sich verkrampfen, können Sie sicher sein, dass Sie gerade versuchen, perfekt zu sein.

> Nina hatte von einer Bekannten den Tipp für einen guten Friseur bekommen und telefonisch einen Termin vereinbart. Mit ihrem Fahrrad fuhr sie rechtzeitig los. Aber offenbar hatte sie eine falsche Adresse notiert, denn schließlich stand sie vor einem Wohnhaus. Nina fuhr die ganze Straße ab, fragte Passanten, ob es auf der Straße einen Friseursalon gab, erkundigte sich dort, ob sie vielleicht hier angemeldet wäre. War sie nicht. Dummerweise lag ihr Handy mit der Telefonnummer in einer anderen Handtasche. Inzwischen hatte sie schon zwanzig Minuten Verspätung. Langsam brach ihr der Schweiß aus. Bestimmt würde der Friseur denken, sie hätte ihn versetzt. Voller Panik raste sie auf ihrem Fahrrad nach Hause, überfuhr eine rote Ampel, stürzte atemlos die Treppe hoch, suchte hektisch ihr Handy und rief

beim Friseur an, um das Missgeschick zu erklären und sich wortreich zu entschuldigen. Schweißausbruch, Panik wegen einer harmlosen Verspätung – Reaktionen eines chaotischen Teenagers? Keineswegs. Nina, 51, Pressesprecherin eines Verbandes, ist eine gestandene Frau.

Ein weiterer Indikator für Perfektionismus ist Lustlosigkeit. Wir tun etwas, um vor uns und anderen vollkommen zu erscheinen, aber eigentlich finden wir es anstrengend, es ist uns lästig oder gleichgültig. Mit einer ehrlichen Frage können wir uns selbst auf die Schliche kommen. Ist es uns wirklich ein Bedürfnis, die kranke Kollegin anzurufen, oder entspricht das nur unserem Muster der Unterstützerin? Macht es uns tatsächlich Spaß, mit dem Kind Strohsterne zu basteln, oder spielen wir nur gute Mutter? Probieren wir mit unserem Partner im Bett Neues aus, weil es uns reizt oder weil wir unbedingt eine aufregende Geliebte sein wollen? Die Antworten zeigen uns schnell, ob Perfektionismus dahintersteckt.

Die innere Kritikerin und der Perfektionismus

Unsere unangenehmen körperlichen Reaktionen und Gefühle werden durch negative Gedanken ausgelöst oder verstärkt. Perfektionismus ist deshalb eine Lieblingsdomäne der inneren Kritikerin. Hier kann sie so richtig aus dem Vollen schöpfen. Sie treibt uns mit Anweisungen aus unserem ganz persönlichen Muster-Katalog und mit gesellschaftlichen Normen an: »Das kannst du doch nicht machen!«, »Was werden die von dir denken?«, »Wenn du das nicht tust, nehmen sie es dir übel«, »Die glauben sonst, du bist faul«, »Die halten dich am Ende für arrogant!«

Zudem reagiert die innere Kritikerin auf jedes Versagen mit Vorwürfen und vermittelt uns Scham- und Schuldgefühle. Es ist ihre Spezialität, vermeintliche Schwächen auch noch aufzubauschen.

Emilia, 44, Unternehmensberaterin, hatte einen wichtigen Kunden zum Mittagessen eingeladen. Sie war sicher, mit dem Lokal die richtige Wahl getroffen zu haben, denn es bot ein schönes Ambiente und gutes Essen. Was sie nicht ahnen konnte, war, dass just an dem Tag der Service nicht der beste sein würde. Man hatte vergessen, ihr den gewünschten Tisch zu reservieren, sodass Emilia mit ihrem Gast nur noch in der Nähe der Toiletten Platz fand. Zudem ließ das Essen auf sich warten und die Bedienung, eine Aushilfskellnerin, zeigte sich ziemlich ungeschickt. Der Kunde fand das offenbar nicht weiter tragisch, man unterhielt sich angeregt. Aber Emilias innere Kritikerin kartete noch tagelang nach: »Das war ja so was von daneben! Was glaubst du wohl, was der jetzt von dir hält? Der denkt doch, du kriegst nicht mal eine einfache Einladung hin.« Es war halt nicht perfekt gewesen.

Perfektionismus ist anstrengend

Gut, schön, tüchtig, beliebt und belastbar sein. Perfektionismus summiert sich und kostet viel Zeit und Energie. Nur dass unser Tag maximal 24 Stunden hat und wir einen begrenzten Vorrat an Power besitzen. Wenn uns dann noch ein zu hoher Anspruch die Arbeit erschwert oder uns zusätzliche Aufgaben aufbürdet, ist Scheitern vorprogrammiert. Es ist einfach unmöglich, auf sämtlichen Gebieten makellose Leistung zu erbringen. Mindestens ein Bereich kommt immer zu kurz, entweder der Beruf oder das Privatleben. Frauen, die trotzdem die Quadratur des Kreises versuchen, sind am Ende nicht nur frustriert, sondern fix und fertig. Das gilt besonders für den Spagat zwischen Spitzenleistungen im Beruf und einem mustergültig geführten Haushalt, den sich die meisten von uns abverlangen. Die Journalistin Claudia Voigt schreibt in ihrem Essay »Die große Erschöpfung«: »Wieso lassen wir uns um den Preis der eigenen Erschöpfung einreden, wir seien begabt für sinnlose Tätigkeiten? Einerseits fordern wir mehr Frauen in

Führungspositionen und andererseits bemühen wir uns, faltenfreie Hemden zu bügeln?«

Ich will nicht den Teufel an die Wand malen, aber bei ausgeprägtem Perfektionismus besteht die Gefahr von psychischen und körperlichen Erkrankungen. Als ich kürzlich einer befreundeten Psychotherapeutin erzählte, dass ich mich gerade mit dem Thema »Perfektionismus« beschäftige, bestätigte sie mir aus ihrer täglichen Praxis mit Burnout-Patienten, dass deren Leiden vor allem durch ständige hohe Anforderungen an sich selbst entstanden sind.

Selbstvertrauen gegen den Perfektionismus

Was können wir tun, um uns vom Perfektionismus zu befreien? Dazu schlage ich Ihnen eine kleine Übung zur Selbsterfahrung vor. Gehen Sie doch bitte einmal zu den Beschreibungen der alltäglichen perfektionistischen Handlungen am Anfang dieses Kapitels zurück. Stellen Sie sich bei jeder einzelnen Aktion vor, Sie würden sie *nicht* ausführen. Also die Mail erst später beantworten, mit den falschen Schuhen auf der Hochzeit erscheinen oder die Wohnung für den Besuch nur oberflächlich aufräumen. Bekommen Sie dabei Herzklopfen? Verständlich wäre es, denn schließlich machen Sie sich mit Ihrer Verweigerung angreifbar. Beim Gedanken daran, diese Pflichten schleifen zu lassen, würden sämtliche Perfektionistinnen dieser Welt aufschreien: »Das ist unmöglich!«

Nun schlüpfen Sie in die Rolle einer Frau mit großem Selbstvertrauen. Die trägt den Kopf hoch und sagt bei jedem einzelnen Punkt mit lässigem Achselzucken: »So what!«, »Ich kann mir das erlauben«, »Das ist doch nicht wirklich wichtig«, »Davon hängt meine Kompetenz nicht ab«, »Gut ist gut genug!«

Kommen Ihnen diese Sätze bekannt vor? Genau, das ist Ihre positive innere Stimme, die Sie jederzeit aktivieren können. Wann immer Sie gefährdet sind, dem Perfektionismus zu verfallen, sollten Sie sich an sie erinnern und sie auf den Plan rufen. Sie kann Ihnen aus dem Hamsterrad der übertriebenen Anforderungen helfen, weil sie eine entspannte Sichtweise vermittelt. Damit verhindern Sie, dass Sie auf Knopfdruck anspringen. Sie können erst einmal überlegen, was Sie wirklich tun wollen.

Allerdings: Die perfektionistische Haltung bewusst abzulegen ist eine Sache – sich dabei gut zu fühlen eine andere. Wie bei jeder tiefgreifenden Veränderung ist die Umstellung zunächst ziemlich unangenehm. Rechnen Sie damit, dass sich Ihr altes perfektionistisches Ich zumindest in einigen Bereichen mit Macht dagegen sträubt. Zweifel überfallen Sie, ob das wirklich der richtige Weg ist. Ob es nicht Ihre Karriere behindert, Ihrem Ansehen oder Ihrer Beliebtheit schadet. Sie geraten in Stress, weil Sie sich zu einem Verhalten zwingen müssen, das Sie bisher als inakzeptabel beurteilt haben. Bleiben Sie stark. Wenn Sie die Probezeit durchstehen, erfahren Sie, dass die Welt nicht untergeht, nur weil Sie sich weigern, hundertprozentig zu funktionieren. Aus diesem Grund gibt man übrigens auch in der Verhaltenstherapie Menschen, die unter starkem Perfektionismus leiden, den Auftrag, bewusst kleine Fehler zu machen. Etwa in einem Brief Wörter falsch zu schreiben oder mit zwei unterschiedlich farbigen Socken ins Büro zu gehen. Wir müssen eben erst am eigenen Leib erleben, dass wir anerkannt, geschätzt und geliebt werden, obwohl wir nicht perfekt sind.

Selbstmitgefühl zeigen

Es gibt noch eine weitere Möglichkeit, die negativen Folgen von Perfektionismus aufzulösen: Mitgefühl mit unseren eigenen Schwächen zu entwickeln.

Auf den ersten Blick erscheint das nicht besonders attraktiv. Unwillkürlich denkt man dabei an Jammern. Selbstmitgefühl darf jedoch nicht mit weinerlichem Selbstmitleid verwechselt werden. Tatsächlich handelt es sich um eine wirkungsvolle Methode, auf sanfte Art mit Perfektionismus Schluss zu machen.

In der Regel haben wir ein Idealbild von uns. So möchten wir uns etwa als die Ausgeglichene, die Charmante, die Kompetente, die Intellektuelle, die Gebildete, Kreative, Attraktive, Tüchtige, Souveräne, Talentierte, Mutige oder Liebevolle sehen. Wir tun eine Menge, um diesem Bild vor uns selbst und anderen perfekt zu entsprechen. Und dann passiert es trotzdem, dass wir versagen: Unsere Dreijährige hat mit Lippenstift den Teppichboden bemalt. Von wegen Ausgeglichenheit – wir rasten aus. Der Chef macht uns vor sämtlichen Kollegen zur Schnecke. Adieu Souveränität, uns schießen die Tränen in die Augen. Bisher hat man uns für unsere tolle Arbeit gelobt, aber was wir diesmal abgeliefert haben, gefällt überhaupt nicht und wird als oberflächlich abgelehnt. Wo ist unsere Kreativität geblieben? Der potenzielle Kunde macht eine rassistische Bemerkung und wir, die wir sonst für Zivilcourage eintreten, widersprechen nicht. Wie feige und berechnend ist das denn!

Weil wir nicht perfekt reagiert haben, gehen wir anschließend hart mit uns ins Gericht. Genau an dieser Stelle greift die Methode des Selbstmitgefühls. Kristin Neff, Psychologieprofessorin an der University of Texas in Austin/USA hat sich wissenschaftlich damit beschäftigt. Sie sagt: »Natürlich tut es weh, wenn wir hinter unseren Idealen zurückbleiben, aber meist konzentrieren wir uns dann auf das Versagen selbst und nicht auf den Schmerz, den es verursacht. Das ist ein wesentlicher Unterschied.«

Selbstmitgefühl zu zeigen bedeutet, den Blick von der Schwäche weg auf das zu lenken, was wir jetzt emotional brauchen. Und das ist sicherlich kein heftiges Nachtreten, sondern liebevolles Verständnis für den Kummer darüber, dass wir unseren Ansprüchen nicht genügen konnten.

Angenommen, Ihre beste Freundin erzählt Ihnen, dass sie einen Wutanfall bekommen hat, nachdem ihre kleine Tochter den hellen Teppichboden im Schlafzimmer mit knallrotem Lippenstift dekoriert hat. Vermutlich sagen Sie dann nicht: »Wie konntest du nur! Das arme Kind! Du hättest dich wirklich zusammenreißen müssen.« Stattdessen trösten Sie sie: »Oje, das Zeug kriegt man ja kaum wieder raus. Da wäre ich auch explodiert. Von einmal Ausrasten kriegt die Kleine bestimmt keinen Schaden, du bist doch sonst so eine geduldige Mutter.«

Oder Sie erzählen zu Hause, dass Sie im Büro vor allen Leuten fast angefangen haben zu heulen. Ein verständnisvoller Partner sagt dann gewiss nicht streng: »Also, das geht wirklich gar nicht. Das ist extrem unprofessionell.« Viel eher nimmt er Sie in den Arm und sagt: »Mach dir nichts draus. Gefühle sind ein Zeichen für emotionale Intelligenz. Außerdem kann dein Chef ruhig sehen, was er angerichtet hat.«

Solches Mitgefühl tut uns gut. Und das Wunderbare ist, dass wir dazu nicht unbedingt auf andere angewiesen sind. Wir können es uns auch selbst geben. Wenn Sie demnächst wieder einmal hinter Ihrem Ideal zurückgeblieben sind und darunter leiden, dann atmen Sie tief durch. Spüren Sie, dass Sie jetzt Mitgefühl und Verständnis brauchen. Sprechen Sie zu sich, als ob Sie eine gute Freundin wären. Schenken Sie sich tröstende Worte, gehen Sie liebevoll mit sich um. Etwa so: »Mein armer Schatz, ich weiß, das ist jetzt eine schwierige Situation für dich. Du gibst dir so viel Mühe und versuchst, alles gut zu machen, und nun hat es doch nicht geklappt. Aber weißt du, das gelingt nun mal nicht immer. Das ist doch keine Katastrophe.« Sie dürfen auch gerne ein bisschen philosophisch werden: »Das Leben ist nun mal ein Auf und Ab, zu den Höhen gehören auch Tiefen.«

Selbstmitgefühl macht sicherer

Möglicherweise wenden Sie jetzt ein: »Wenn ich mich so nett und freundlich behandle, werde ich am Ende noch bequem. Da geht doch jede Motivation zur Verbesserung verloren.« Damit kein Missverständnis entsteht: Selbstmitgefühl negiert weder, dass wir uns eventuell falsch verhalten haben, noch dass wir deshalb Scham oder Schmerz empfinden. Es verhindert nur, dass wir uns daran festbeißen. Wir nehmen diese negativen Gefühle und Gedanken einfach wahr, ohne ihnen durch besondere Aufmerksamkeit Nahrung zu geben. Stattdessen kümmern wir uns darum, was uns innerlich aufrichtet.

Kristin Neff beweist mit ihren Forschungsergebnissen: Selbstmitgefühl verhilft zu emotionaler Stabilität. Es schützt nachhaltig vor Depressionen und Ängsten, die mit negativer Selbstkritik und dem Gefühl von Unzulänglichkeit einhergehen. Die positiven Konsequenzen lassen sich sogar körperlich nachweisen: Ein liebevoller Umgang mit sich selbst schaltet das Bedrohungssystem im Gehirn ab. Es beruhigt die Amygdala und steigert nachweislich die Produktion von Oxytocin, einem Hormon für Bindung und Wohlgefühl. Selbstmitgefühl macht unnötigem Grübeln ein Ende und schafft eine hoffnungsvolle Grundhaltung. Damit bringen wir uns in einen Zustand, von dem aus wir wieder voll handlungsfähig werden. Das ist die beste Voraussetzung, um mit einer verfahrenen Situation angemessen umzugehen.

Seien Sie perfekt – aber nicht perfektionistisch

Ich hoffe, Sie sind jetzt entschlossen, sich nicht mehr von Perfektionismus bestimmen zu lassen. Und Sie sind bereit, das Instrumentarium dagegen regelmäßig anzuwenden. Dann freue ich mich mit Ihnen über gewonnene Zeit, Energie, Lebensfreude – und Selbstvertrauen.

Doch eines liegt mir noch auf der Seele: Es könnte bei Ihnen angekommen sein, dass es sich nicht lohnt, Spitzenleistungen zu erbringen. Auch wenn es nach meinem seitenlangen Kampf gegen den Perfektionismus möglicherweise paradox klingt: Ich bin ein großer Fan von Perfektion. Es besteht nämlich ein himmelweiter Unterschied zwischen Perfektionismus und dem Streben nach Perfektion. Während Perfektionismus auf Angst und Fremdbestimmung beruht, wächst der Wunsch nach Perfektion aus unserem Wesen, unseren Begabungen und Talenten. Ein anderes Wort für Perfektion in diesem Sinne ist »Meisterschaft«.

Kürzlich war ich zu einem klassischen Konzert eingeladen. Das Haydn-Orchester Hamburg spielte Werke von Dvořák und Brahms. Ich bin keine große Kennerin der Materie, doch die spürbare Hingabe und Präzision der Musikerinnen und Musiker faszinierte mich. Am Ende riss sie das Publikum zu Beifallsstürmen hin. Auf der Website des Orchesters kann man unter der Rubrik »Die Geschichte« lesen: »Bei all diesen Veränderungen, die das Orchester in den 30 Jahren seines Bestehens erfahren hat, hat sich eines unerschütterlich erhalten: Das Streben nach hohem Niveau – und der Spaß an der Musik.«

Darin liegt das Geheimnis der Perfektion: Sie beruht auf Freude an der Sache. Wir sehnen uns danach, immer besser in dem zu werden, was wir lieben. Das führt dazu, dass wir üben, probieren, begeistert sind, scheitern, uns wieder aufraffen, verzweifeln, uns glücklich fühlen. Auch wenn es oft anstrengend ist – wir wollen es immer besser machen.

Wenn wir Glück haben, hat unser Streben nach Perfektion Erfolg. Dann erkennen das vielleicht eines Tages auch andere.

In einem Magazin las ich einen Artikel über die Maßschuhmacherin Saskia Wittmer. Im Vorspann hieß es: »Vor 17 Jahren zog Saskia Wittmer nach Florenz und wurde Maßschuhmacherin. Am Anfang hielt fast jeder sie für wahnsinnig. Heute halten viele Menschen sie für die beste Maßschuhmacherin der Welt.« Man erfährt, dass Schuhe schon immer ihre Leidenschaft waren: »Als ich ein Kind war, habe ich mit meinen Eltern Urlaub in Italien gemacht. Ich wollte nie zum Strand. Ich wollte immer nur in Schuhgeschäfte.« Später suchte sie sich Ausbildungsplätze bei den Besten ihrer Zunft. Heute ist sie selbst eine Meisterin.

Das Glück der Meisterschaft

Vermutlich wollen Sie weder einem Orchester beitreten noch Maßschuhmacherin werden. Aber es lohnt sich, nach einer Leidenschaft zu suchen, die Ihnen entspricht. Das muss nichts Spektakuläres sein. Ein Indikator für eine zukünftige Meisterschaft ist, dass Ihnen bestimmte Aufgaben besonders leichtfallen und dass Sie Spaß daran haben.

Vielleicht werden Sie am Ende die beste Tortenbäckerin der Nachbarschaft. Oder die mit dem grünen Daumen, vor deren Vorgarten Spaziergänger bewundernd stehen bleiben. Oder diejenige, die mit ihrem Outfit unter den Freundinnen Trends setzt. Die Vorträge hält, nach denen man ihr sagt: »Ich hätte Ihnen noch stundenlang zuhören können.« Die Events gestaltet, von denen man spricht.

Interessanterweise kommen Lob und Anerkennung dann meist von selbst, sind aber nicht Ihr Antrieb für die Perfektion. Der liegt in dem Glück, immer bessere Ergebnisse zu erzielen. Diese Freude können Sie auch ganz alleine und ohne Rückmeldung von außen genießen. Und das Allerbeste ist: Mit dem Streben nach Perfektion auf Ihrem ureigenen Gebiet wächst Ihr Selbstvertrauen. Sie wissen immer mehr, wer Sie sind und was Sie können. Deshalb: Perfektionismus? Niemals. Perfektion? Ja, unbedingt.

6. Sich mit Selbstvertrauen durchsetzen

»Ich bin Sternzeichen Fische«, entschuldigte sich meine Freundin Carla. »Die können sich eben schlecht durchsetzen.« Sie hatte es mit ihrer höflichen Art wieder einmal nicht geschafft, ihre Rasen mähenden Nachbarn davon abzubringen, das dezibelstarke Gerät ausgerechnet am Freitagabend anzuwerfen und damit die ganze Umgebung zu beschallen. »Bis 22 Uhr dürfen wir«, hatten sie stur gesagt.

Liebe Carla, es gibt auch »Löwen« und »Stiere«, die sich schwer durchsetzen können. Wenn überhaupt, dann wäre höchstens das Sternzeichen »Frau« die Erklärung für mangelnde Durchsetzungsfähigkeit. Wobei ich Durchsetzung so definieren möchte: sich mit Selbstvertrauen für die eigenen Interessen angemessen einsetzen. Das kann in unterschiedlicher Form geschehen: Indem wir Grenzen ziehen, Nein sagen, unsere Meinung und unsere Bedürfnisse klar äußern, unsere Ansprüche deutlich machen und entschieden handeln, wenn wir etwas als für uns richtig erkennen. Dass wir Frauen damit oft Probleme haben, ergibt sich aus unserer weiblichen Erziehung und teilweise auch aus dem Muster, das wir in jungen Jahren übernommen haben: Freundlich und hilfreich sein, Verständnis haben, für Harmonie sorgen. Nach dieser inneren Anweisung verhalten sich die meisten von uns immer noch.

Natürlich sind wir keine verhuschten Mäuschen, die den Mund nicht aufkriegen. Wir können durchaus kiebig werden, wenn im Kino hinter uns einer so mit seiner Popcorn-Tüte raschelt, dass wir die Liebeserklärung des Hauptdarstellers nicht mitbekommen. Wir verweisen auch den

Drängler an der Supermarktkasse auf seinen Platz. Und ein Kollege, der das letzte Blatt im Kopierer benutzt und nicht nachfüllt, bekommt etwas zu hören. Aber das sind eben Peanuts! Wo es für uns wirklich wichtig wird, scheint plötzlich eine unsichtbare Schranke herunterzugehen. Wir haben Hemmungen, uns wichtig zu nehmen. Das passiert keineswegs nur unsicheren Frauen, sondern auch solchen, die erfolgreich im Berufsleben stehen und ihr Privatleben managen. Das weiß ich aus vielen Seminaren für weibliche Führungskräfte. Jeweils zu Beginn gebe ich die einzelnen Bereiche, die ich ansprechen will, als Wunschliste vor. Jede Teilnehmerin sagt, wo sie persönlich den Schwerpunkt setzen möchte. So sicher wie das Amen in der Kirche bekommt diese Trias die höchste Punktzahl: »Nein sagen«, »Grenzen setzen«, »Mit Schuldgefühlen fertigwerden«.

Allzu nette Menschen leben gefährlich

Jens Weidner, Hamburger Erziehungswissenschaftler und Autor des Ratgebers *Hart, aber unfair* spricht von »Schäfchen-Typen«. Das sind für ihn jene Menschen, die klaglos schuften, Karriere- oder Gehaltswünsche nur zaghaft formulieren, von anderen mit Arbeit überhäuft und in der dritten Reihe postiert werden. Es gibt sie noch, die treuen Seelen, die kaum etwas für sich beanspruchen und alles für andere tun, die bescheiden Dank und Geld ablehnen.

Zugegeben, durch meine christliche Erziehung habe ich dazu auch eine gewisse Neigung. Noch heute ärgere ich mich, wenn ich mich an diese kleine Szene erinnere: Als Studentin jobbte ich in den Semesterferien bei der Köln-Düsseldorfer-Rheinschifffahrt an der Anlegestelle. Eine Amerikanerin, beladen mit Tüten edler Designermarken, stand völlig aufgelöst vor dem Kiosk, in dem ich Fahrkarten verkaufte. Sie hatte beim Shoppen in der Kölner City die Zeit vergessen und nun war ihr Kreuzfahrtschiff schon seit einer halben Stunde ohne sie auf dem Rhein unterwegs. Ich bot ihr erst mal einen Stuhl und einen Kaffee an. Ich sah auf der Karte nach, wo das Schiff als nächstes anlegen würde. Dann hängte ich mich ans Telefon und rief ein Taxi, das die Lady zum entsprechenden Hafen bringen sollte. Über diesen Notdienst war sie so glücklich, dass sie mir einen Zwanzig-Mark-Schein – damals für eine Studentin ein Vermögen – in die Hand drücken wollte. Und ich Schaf sagte: »Nein danke, das ist doch selbstverständlich.«

Später setzte sich meine hilfsbereite Einstellung bei der Arbeit als Psychotherapeutin fort. Wenn nach einem langen, anstrengenden Arbeitstag spätabends noch jemand am Telefon dringend um eine Sitzung bat, sagte ich selbstverständlich nicht Nein, sondern seufzte: »Dann kommen Sie mal in meine Praxis.« Erst im Laufe einiger Berufsjahre gewann ich die Einsicht, dass ich nicht allein die Welt retten muss.

Ja, es gibt auch heute noch »Gutmenschen«, wie Weidner sie beschreibt. Sie arbeiten in Krankenhäusern bis an die Grenzen ihrer Belastbarkeit. Sie engagieren sich als Lehrerinnen weit über das geforderte pädagogische Programm hinaus. Sie pflegen liebevoll Demenzkranke. Sie machen aus Pflichtgefühl Überstunden und Sonntagsarbeit in ihrer Firma. »Schäfchen« sind diese Frauen aber gewiss nicht. Diejenigen jedenfalls, die ich persönlich kenne, sind sensibel, warmherzig und verantwortungsbewusst. Sie haben einen sorgsamen Blick auf andere. Weil sie deren Bedürfnisse wichtig nehmen, stellen sie ihre eigenen zurück. Aber damit sind sie auch Kandidatinnen für chronische Erschöpfung. Bei diesen Heldinnen des Alltags, ebenso wie bei allen zu weichherzigen und zu gutmütigen Frauen, ist in puncto Grenzensetzen Basisarbeit gefragt. Sie müssen lernen, besser auf ihre körperlichen und seelischen SOS-Signale zu achten, sich nicht für alles zuständig zu fühlen, sondern auch andere, Familienmitglieder oder Kollegen, in die Verantwortung zu nehmen. Ich bin froh, dass im Zuge der öffentlichen Diskussion zum Thema Burnout viele Hintergründe der Überlastung und Strategien zu ihrer Bewältigung inzwischen zum Allgemeinwissen zählen. Ein Erste-Hilfe-Kurs für diese Idealistinnen ist, dass man ihnen immer wieder sagt: Denk bitte genauso an dich wie an die anderen.

Gründe fürs Zurückstecken

Nun lassen sich die meisten von uns weder gnadenlos ausbeuten, noch sagen sie zu allem Ja und Amen. Dennoch geraten auch wir regelmäßig in Situationen, in denen wir unsere Interessen vertreten müssen. Etwa bei der Frage,

- ob wir ein ungeliebtes Projekt übernehmen.
- wie weit wir einem Auftraggeber mit unserem Honorar entgegenkommen.
- wer den begehrten Urlaub über die Feiertage nehmen darf.
- ob die Rechnung durch zwei geteilt wird, obwohl der andere Gast um einiges mehr verspeist hat.
- wie häufig man im Vergleich zu den Geschwistern den Vater im Seniorenheim besucht.
- ob wir im Impressum der von uns mitgestalteten Broschüre genannt werden.
- wer das Zimmer im überbuchten Hotel bekommt.

Im Alltag gibt es jede Menge großer und kleiner Herausforderungen dieser Art. Falls die Bilanz unterm Strich zeigt, dass wir bisher oft zurückgesteckt haben, dann heißt das noch nicht, dass wir uns nicht durchsetzen können. Bewusst oder unbewusst wägen wir nämlich Nachteile und Vorteile ab. Dabei werden keineswegs nur materielle oder greifbare Gewinne und Verluste berücksichtigt, sondern auch Emotionen, wie etwa Schuldgefühle oder das schöne Gefühl, jemanden glücklich zu machen. Dass wir im Endeffekt unsere eigenen Vorstellungen, Wünsche oder Bedürfnisse zurückstellen, hat jedenfalls immer gute Gründe. Einer der häufigsten ist, dass wir niemanden kränken oder verletzen möchten.

> Vor 15 Jahren hat Susans Mutter der Familie zur Geburt des kleinen Jan ein Klavier geschenkt. Finanziell ist ihr das nicht leichtgefallen, aber sie spielt selbst gut und gerne und wünschte sich, dass ihr Enkel ebenfalls die Freude des Musizierens kennenlernt. Mit sieben Jahren bekam Jan seine erste Klavierstunde. Dabei zeigte sich schnell: Hier lag nicht seine Begabung. Susan verzichtete darauf, das arme Kind weiter zu quälen. Auch sonst war keiner in der Familie daran interessiert, dieses Instrument spielen zu lernen. Das Klavier bleibt, obwohl es in der kleinen Wohnung zu viel Raum einnimmt. Susan würde es lieber heute als morgen verkaufen, aber das möchte sie ihrer Mutter nicht antun.

Es gibt noch mehr typische Motive, sich zurückzunehmen:

- Wir wollen eine harmonische Zusammenarbeit nicht gefährden. (»Bis jetzt läuft es so gut. Wer weiß, was passiert, wenn ich in diesem Punkt nicht nachgebe.«)
- Wir möchten nicht egoistisch erscheinen. (»Die glauben sonst, ich denke nur an meinen Vorteil.«)
- Wir wollen die Beziehung erhalten. (»Ich liebe ihn doch!«)
- Wir haben echtes Mitgefühl. (»Ich kann sie in der Situation nicht im Stich lassen.«)
- Wir sind unseren Werten verpflichtet. (»Für mich gilt die Bergpredigt Jesu«.)
- Wir möchten nicht, dass andere erfahren, was wir wirklich denken und fühlen. (»Eigentlich finde ich sie todlangweilig, aber einen Kaffee kann ich ja mit ihr trinken.«)

- Wir möchten als guter Mensch vor uns selbst oder anderen dastehen. (»Da muss ich einfach helfen.«)

Es kann aber auch sein, dass wir unsere Interessen nur deshalb nicht verfolgen, weil wir schlicht Angst vor den Konsequenzen haben. Diese Angst spielt vor allem dann eine Rolle, wenn wir abhängig sind oder uns zumindest so fühlen. Man könnte uns entlassen, sich von uns trennen, mit Sanktionen drohen.

> Bettina schreibt als freie Journalistin Reisereportagen. Das Trennungsgebot von Werbung und redaktionellem Teil, in Fachkreisen »Compliance« genannt, wird natürlich eingehalten. Nur drängt der Chefredakteur darauf, dass Bettina ihre Kritik an dem Hotel, das die Reise gesponsert hat, ein wenig abmildert. Bettina traut sich nicht, zu widersprechen, obwohl das gegen ihr journalistisches Ethos geht. So viele Aufträge hat sie in letzter Zeit schließlich nicht bekommen, und sie muss davon leben.

Klug – oder bloß feige?
Vielleicht sagen uns energische oder machtbewusste Mitmenschen: »Lass dir doch nicht alles gefallen!« Oder: »Sag, was du willst!« Bestimmt lohnt es sich, eine solche Anregung zu überdenken. Doch ob wir uns tatsächlich stärker durchsetzen müssen, können nur wir alleine entscheiden. Manches, was in den Augen anderer wie butterweiches Nachgeben aussieht, ist in Wirklichkeit ein Zeichen für emotionale Intelligenz. Wir wählen Kompromiss statt Konflikt, Harmonie statt vergifteter Atmosphäre, gute Kontakte statt Rechthaberei. Und wenn wir keine Forderungen stellen, dann kann das eventuell langfristig durchaus erfolgreicher sein, als gleich hoch zu pokern.

So habe ich es selbst erlebt. Eine Kollegin und ich schrieben nach unserem Diplom für eine psychologische Monatszeitschrift, ein Blatt für interessierte Laien. Wir führten Interviews, stellten Untersuchungsergebnisse vor und informierten über Psychotherapiemethoden. Im Schreibmetier waren wir beide Anfängerinnen. Entsprechend war ich mit meinem nicht gerade üppigen Honorar zufrieden. Nicht so meine Kollegin. »Die nutzen uns aus und verdienen sich eine goldene Nase!«, glaubte sie. Selbstbewusst sprach sie in der Chefredaktion vor und verlangte mehr Geld für ihre Arbeit. Die Chefredakteurin sagte nur kühl: »Bedaure, aber unter diesen Umständen können wir Sie nicht halten.« Sie war draußen. Ich blieb und lernte das journalistische Handwerk. Und Sie dürfen mir glauben, meine Honorare haben sich inzwischen deutlich erhöht.

Allerdings ist ein Rückzug nicht immer der Klugheit geschuldet, manchmal sind wir auch einfach nur feige. Zum Glück haben wir einen großartigen und untrüglichen Indikator, um das eine vom anderen zu unterscheiden, nämlich unser Gefühl. Wann immer Sie nach einem Rückzug enttäuscht, traurig, deprimiert, wütend, ärgerlich, neidisch oder eifersüchtig sind, können Sie sicher sein: Hier haben Sie sich nicht getraut, Ihre Interessen durchzusetzen, Nein zu sagen oder Grenzen zu ziehen. Sie hätten es aber tun sollen. Auch im Vorhinein weist uns unser Gefühl im Verbund mit der positiven inneren Stimme den Weg. Wir fühlen uns unwohl, spüren intuitiv, dass wir etwas ablehnen oder unsere Interessen deutlich artikulieren sollten.

Zum Glück müssen wir nicht unvorbereitet in die Höhle des Löwen. Die Psychologie hat auch für schwierige Gespräche ein bewährtes Handwerkszeug in petto. Es hilft uns zum Beispiel, Ablehnung elegant zu verpacken, sodass trotzdem eine gute Beziehung erhalten bleibt. Oder Forderungen so geschickt zu stellen, dass unser Gegenüber verlockt wird, sie zu erfüllen. Es macht Sinn, sich die Möglichkeiten in Ruhe zu Gemüte zu führen, bevor es ernst wird. Tools, von denen man schon ahnt, dass man sie brauchen kann, sollte man regelrecht auswendig lernen, damit sie jederzeit zur Verfügung stehen.

Öffnen Sie bitte Ihren mentalen Handwerkskoffer, damit Sie die für Sie passenden Werkzeuge einpacken können.

Nein sagen

Fangen wir gleich mit der Königsdisziplin an: der Ablehnung. Gewiss fällt uns Frauen kaum etwas so schwer wie das Neinsagen. Tröstlicherweise gibt es offenbar auch Männer, die damit ein Problem haben. Über die folgende kleine Geschichte habe ich mich köstlich amüsiert. Bestimmt hätte sie ähnlich auch vielen von uns passieren können. Vor allem aber gibt sie ein schönes Beispiel dafür, wann ein klares Nein angebracht ist. Erlebt hat sie der amerikanische Dozent und Unternehmensberater Gerald M. Weinberg.

An einem warmen Frühlingstag schaut Weinberg voller Neid aus seinem Bürofenster auf den Uni-Campus, wo gerade Studenten die Sonnenstrahlen genießen. Immerhin sind bald Semesterferien, er freut sich schon auf die freien Tage. Plötzlich rauscht ein kleiner dicker Herr in sein Büro und stellt sich als Professor Myron von der Wirtschaftsabteilung vor. Er bittet Weinberg, ein Kapitel für ein Sachbuch zu schreiben, das er demnächst herausgibt. Weinberg muss nicht lange überlegen: Beiträge in Sammelbänden interessieren ihn null. Deshalb braucht er sich nur eine höfliche Ausrede einfallen lassen, um die Gefühle des Professors nicht zu verletzen. Es macht ja keinen Sinn, sich Feinde zu schaffen, schon gar nicht auf dem Campus. Also heuchelt er Interesse und fragt scheinheilig: »Wie sieht es denn mit den Terminen aus?« Der Professor gibt schuldbewusst zu, dass er sich sehr spät meldet, das Manuskript müsse bis Juni vorliegen. Weinberg jubelt innerlich über diese terminliche Steilvorlage und sagt mit tiefem

Bedauern in der Stimme: »Leider, leider habe ich noch laufende Arbeiten. Für so ein wichtiges Projekt wie Ihres bräuchte ich mindestens bis September. Wie schade, ich hätte Sie wirklich gerne unterstützt.« Zufrieden mit seinem geschickten Schachzug vergisst Weinberg die Episode – bis 14 Tage später Professor Myron wieder in sein Büro stürmt und mit glücklichem Lächeln verkündet: »Ich habe mit meinem Verleger gesprochen. Er ist bereit, das Erscheinungsdatum des Buches bis September zu verschieben, weil er Ihr Kapitel unbedingt dabei haben möchte.« Verzweifelt sucht Weinberg nach einer weiteren Ausrede. Soll er sagen, er hätte just ein Projekt angenommen, dass ihn bis ins nächste Jahr beansprucht? Das wäre zu fadenscheinig. Es hilft nichts, er muss in den sauren Apfel beißen und zusagen. Während der ganzen Semesterferien sitzt er fluchend an dem ungeliebten Manuskript. Seine innere Stimme flüstert ihm zu: »Diese Lektion wirst du so schnell nicht vergessen, oder? Das nächste Mal sagst du einfach Nein!« Was er seitdem auch tut, wie er bestätigt: »Für den Rest meines Lebens und bis zum heutigen Tag.«

Zu erkennen, dass man Nein sagen muss, ist ein wichtiger Schritt. Doch damit wissen wir noch lange nicht, wie man das geschickt anfängt. Jemandem einfach ein »Das mache ich nicht« oder »Das will ich nicht« um die Ohren zu schlagen wäre äußerst unklug. Deshalb empfiehlt es sich, die folgende Strategie zu nutzen, um klar und trotzdem verbindlich abzulehnen:

- Zeigen Sie mit Ihrer Wortwahl und Ihrer Mimik, dass Sie die Bitte, das Angebot oder die Anfrage zu schätzen wissen. Lächeln Sie freundlich und sagen Sie etwa: »Ich fühle mich sehr geehrt, dass Sie mich bitten« oder »Ich weiß es sehr zu schätzen, dass Sie mich fragen.«
- Drücken Sie Ihr Bedauern aus und lehnen Sie das Ansinnen Ihres Gegenübers klar ab, ohne sich wortreich zu

entschuldigen oder lange Erklärungen abzugeben. Es genügt, wenn Sie sagen: »Es tut mir sehr leid, aber ich kann Ihnen nicht weiterhelfen« oder »Ich bedaure es, aber das passt für mich nicht.«
- Falls Sie prinzipiell an der Anfrage interessiert sind und nur aktuell ablehnen müssen, machen Sie das deutlich: »Danke, dass Sie hierbei an mich gedacht haben. Es tut mir wirklich leid, dass ich für die nächsten sechs Wochen ausgebucht bin. Ich würde mich freuen, wenn Sie bei späterer Gelegenheit wieder an mich denken.«

Tipps für das diplomatische Neinsagen

Die Kunst des Neinsagens lässt sich verfeinern, indem wir für verschiedene Situationen und Beziehungen maßgeschneiderte Formeln benutzen. Im Folgenden finden Sie spezielle Varianten, mit denen Sie höflich und trotzdem klar ablehnen können. Die Beispiele zeigen, bei welcher Gelegenheit sich eine Strategie besonders bewährt. Gewiss wird es Ihnen nicht schwerfallen, sie auf ähnliche Situationen zu übertragen.

An die Rücksichtnahme des Gegenübers appellieren

Anne und Kai sitzen in der Kantine und unterhalten sich über den Job. Aus den Augenwinkeln sehen sie das Unheil nahen. Ein Kollege, der für seine Klatschsucht bekannt ist, steuert mit seinem Essenstablett geradewegs auf sie zu. »Kann ich mich zu euch setzen?« Anne lächelt ihn freundlich an und sagt: »Normalerweise gerne, aber wir besprechen gerade etwas Persönliches. Dafür hast du bestimmt Verständnis.«

Auf ein Prinzip verweisen

Der neue Abteilungsleiter findet Paulina offenbar nicht nur als Mitarbeiterin großartig. Jedenfalls lädt er sie zum Abendessen ein. Paulina schwant nichts Gutes. Sie lehnt mit den Worten ab: »Vielen Dank für die Einladung. Aber ich habe es mir zur Regel gemacht, Berufliches und Privates strikt zu trennen. Davon möchte ich nicht abgehen.« So vermeidet sie, dass ihr Gegenüber sich persönlich zurückgewiesen fühlt. Gleichzeitig stellt sie ein für alle Mal klar, dass sie sich auf Verabredungen mit dem Chef prinzipiell nicht einlässt.

Die Ablehnung mit einem Kompliment versüßen

Wandas Expartner verlangt zum wiederholten Mal eine Aussprache. Offenbar will er nicht verstehen, dass es wirklich aus ist. Sie sagt: »Da gibt es nichts mehr zu sagen. Du bist ein toller, kluger, gutaussehender Mann, aber wir passen einfach nicht zusammen.«

Ein persönliches Problem vorschützen

Manche Leute sind mit dem Du schnell zur Hand. Eine aufdringliche Nachbarin, mit der Xenia lieber auf Distanz bleiben möchte, leiht sich bei ihr Zucker aus und bietet ihr bei der Gelegenheit gleich das Du an. Xenias Antwort: »Vielen Dank, ich finde das sehr schmeichelhaft, aber ich tu mich mit dem Duzen immer furchtbar schwer. Bitte haben Sie dafür Verständnis.«

Sich engagiert zeigen

Maria hat mühevoll Karten für eine Opernpremiere ergattert. Ausgerechnet an diesem Tag bittet ihre Chefin sie, länger zu bleiben. Maria ist klug genug, diplomatisch zu reagieren: »Ich habe einen sehr wichtigen privaten Termin, den ich schwer absagen kann. Sehen Sie eine Möglichkeit, die Arbeit zu einem anderen Zeitpunkt zu machen? Ich könnte heute Nacht etwas vorbereiten oder morgen früher kommen.« Auf diese Weise zeigt sie ihr Engagement und stimmt ihre Chefin wohlwollend.

Ersatz suchen
Der Aufzug zur U-Bahn ist defekt. Eine Mutter bittet Theresa, mit ihr den Kinderwagen die Treppe hinaufzutragen. Theresa hat es am Rücken und fürchtet, dass die Schlepperei bei ihr den nächsten Bandscheibenvorfall auslöst. Also erklärt sie: »Tut mir leid, ich habe ein Rückenleiden. Aber ich frage mal den jungen Mann dahinten, ob der Ihnen helfen kann.« Sicherheit geht vor. Riskieren Sie nicht aus Höflichkeit Ihre Gesundheit oder andere wichtige Dinge!

Die Nebel-Taktik benutzen
Auf vage Verabredungen lässt sich keiner gern ein. Eine Kollegin, die Uta nicht sonderlich sympathisch findet, fragt sie: »Wollen wir morgen zusammen in die Kantine gehen?« Uta bedauert: »Ich habe zur Zeit so viel zu tun, dass ich gar nicht weiß, wann ich überhaupt zum Essen komme. Deshalb möchte ich mich nicht festlegen.«

Die Absicht loben
Imke bekommt von ihrer Schwiegermutter eine kitschige Vase geschenkt. Erwartungsvoll fragt die Schwiegermama: »Gefällt sie dir?« Imke sagt: »Ich bin wirklich ganz gerührt, wie lieb du an mich gedacht hast!« Die gute Absicht lässt sich immer ehrlich anerkennen.

Das Nein taktisch vorbereiten
Beim Fortbildungsseminar soll Sandra mit einer unsympathischen Kollegin aufs Doppelzimmer ziehen. Aber sie hat bereits vor Beginn des Seminars mit ihrer Lieblingskollegin verabredet, gemeinsam ein Zimmer zu belegen. So kann sie vor Ort ehrlich sagen: »Es tut mir leid, aber ich habe mich schon mit Irene abgesprochen.«

Wenn das Nein nicht akzeptiert wird
Die diplomatische Form des Neinsagens hat zwar große Vorteile, aber auch eine kleine Tücke: Sie lässt zu, dass das Gegenüber nachhaken oder diskutieren kann. So kann etwa die Kollegin, bei der man die Nebel-Taktik – siehe oben – angewandt hat, vorschlagen: »Ich warte gern auf dich. Sag doch einfach spontan Bescheid, wenn du zum Essen gehst.« Oder der Chef, mit dem man angeblich aus Prinzip nicht essen gehen möchte, schmeichelt: »Aber für mich könnten Sie doch eine Ausnahme machen.« Lassen Sie sich in dem Fall auf keine Diskussion ein, denn dann haben Sie schon verloren. Halten Sie an Ihrer Position fest. Und so gelingt Ihnen das am besten: Zeigen Sie, dass Sie das Argument der anderen Seite verstehen und als persönliche Meinung akzeptieren, indem Sie etwa sagen: »Es ist nett von dir, dass du auch auf mich warten würdest.« – »Ich verstehe, dass Sie mein Prinzip, Berufliches und Privates zu trennen, etwas streng finden.« Wiederholen Sie dann Ihr Nein-Argument, notfalls mehrfach: »Aber es setzt mich wirklich zurzeit unter Druck, mich zum Essen zu verabreden.« – »Aber ich habe es mir nun mal zur Regel gemacht und möchte dabei bleiben.« Fast immer ist der Fall damit erledigt. Sollte aber jemand tatsächlich hartnäckig bis zur Schmerzgrenze sein, bleibt Ihnen immer noch das klare, pure Nein.

Präzise Forderungen stellen

Nein sagen, ablehnen und Grenzen setzen ist die Negativ-Form des Wünschens: »Das will ich nicht.« Genauso wichtig ist die Positiv-Form: »Das will ich.« Etwa: die Teamleitung. Eine Beförderung. Ein höheres Gehalt. Ein Homeoffice. Mithilfe im Haushalt. Ein Sabbatical. Eine Chance, weiterzukommen. Eine Assistentin oder mehr Mitarbeiter. Einen guten Bürostuhl. Einen Kita-Platz. Kalten Weißwein.

Ein besseres Zeugnis vom Arbeitgeber. Dass das Praktikum bezahlt wird. Einen Umtausch. Einen schöneren Platz im Lokal. Ein angemessenes Honorar. Pünktlichkeit. Ordnung in der Wohnung. Ein offenes Ohr. Hilfe beim Umzug.

Große und kleine Forderungen mischen sich im Alltag. Bevor wir sie stellen, ist es wichtig, sie erst einmal für uns selbst zu überdenken und sie anschließend präzise zu formulieren. Wenn wir beim Pizza-Service bestellen, sagen wir ja auch nicht: »Eine Pizza bitte. Der Belag soll möglichst lecker sein«, sondern wir ordern: »Eine Pizza Vegetaria mit Käse, Pilzen und Paprika, aber ohne Oliven.« Dieses Prinzip gilt für jede Forderung. Mit unkonkreten Aussagen wie: »Ich möchte, dass du auch einen Teil der Hausarbeit übernimmst« oder: »Bitte formulieren Sie mein Arbeitszeugnis positiver« geben Sie Ihrem Gegenüber die Chance, nur vage zu reagieren (»Klar, mache ich!«), oder Sie bekommen etwas anderes, als Sie sich vorgestellt haben. Von daher müssen wir uns erst einmal selbst diese Fragen beantworten: Was will ich? Wann oder bis wann will ich es? Wie will ich es? Warum will ich es? Eine präzise Formulierung stärkt uns selbst, weil sie uns Kontur gibt. Außerdem lässt sich später leicht überprüfen, ob wir unser Ziel erreicht haben.

Zur Zustimmung verlocken

Es gibt eine hübsche kleine Geschichte, die illustriert, welche Strategie für eine Forderung oft die günstigere ist: Sonne und Wind stritten sich darum, wer die größte Macht hätte. Sie beschlossen, das an einem Wanderer zu klären, der gerade des Weges kam. Gewinner sollte derjenige sein, der den Mann am schnellsten dazu brächte, seinen Mantel auszuziehen. Als Erster blies der Wind mit aller Kraft, um dem Wanderer das Kleidungsstück wegzupusten. Vergebens, der hüllte sich fröstelnd nur noch fester hinein. Dann kam die Sonne zum Zug. Mit ihren warmen Strahlen beschien sie den Mann, sodass er freiwillig seinen Mantel auszog.

Übertragen auf unsere Forderungen besagt das: Es mag sicher manchmal richtig und sinnvoll sein, hart und kompromisslos eine Forderung zu stellen, doch in den meisten Fällen erzeugen wir damit eher eine ablehnende Reaktion. Erfolgreicher sind wir meist, wenn wir unseren Wunsch auf »sonnige« Art diplomatisch vorbringen. Aber sind wir dann nicht duckmäuserisch und unauthentisch? Die Unternehmensberaterinnen Dorothea Assig und Dorothee Echter verneinen das. Sie sprechen sich dafür aus, Wünsche so zu äußern, dass sich andere anschließen können. Und das tun sie nun mal am liebsten, wenn sie einen eigenen Vorteil darin erkennen, uns nachzugeben. Ergo sollten wir uns vorab überlegen, was denn unser Gegenüber davon hat, unserem Begehren zuzustimmen. Das ist eine Frage des Einfühlungsvermögens und der geschickten Formulierung – beides für uns Frauen kein Problem.

Statt empört zu fordern: »Hallo, in welchem Jahrhundert leben wir denn?! Übernimm gefälligst auch deinen Teil an der Hausarbeit«, heißt es besser: »Wenn du deinen Part übernimmst, haben wir viel mehr Zeit füreinander.« Statt: »Das ist nun mal mein Preis. Sie müssen sich entscheiden« lieber: »Das ist eine Menge Geld, aber dafür bekommen Sie auch etwas ganz Besonderes.« Machen Sie sich bitte klar: Harte Forderungen können Sie nur stellen, wenn Sie am längeren Hebel sitzen. Aber selbst dann sind Sie am Ende nicht die absolute Gewinnerin, man könnte Ihnen die Forderung als Erpressung nachtragen. In den meisten Fällen lohnt es sich, nicht nur an den eigenen Vorteil zu denken, sondern ebenso den des Gegenübers herauszustellen und die Forderung als Win-win-Situation zu formulieren. Aber Achtung: Verwechseln Sie Einfühlung in die Interessen der anderen bitte nicht mit einer Selbstzensur, wie sie im Folgenden beschrieben wird.

Die Schere im Kopf zuklappen

Eigentlich wissen wir genau, was wir wollen, doch jetzt kommen uns Bedenken: Ist das nicht zu viel verlangt? Sollten wir nicht lieber Abstriche machen? Diese Unsicherheit taucht immer dann auf, wenn wir glauben, die Möglichkeiten oder die Position des anderen zu kennen, und deshalb schon zurückstecken, bevor wir überhaupt den Mund aufgemacht und verhandelt haben.

Mareike, 47, ist Fassmalerin, sie gibt Möbelstücken mit besonderen Farben ein antikes Aussehen. Kürzlich kam eine Kundin in ihre Werkstatt, die ihrem Kleiderschrank von Ikea gerne einen historischen Look verpassen wollte. Mit ihrem bescheidenen Outfit machte sie nicht den Eindruck, als ob sie Mareikes übliche Preise zahlen könnte. Mareike rechnete schnell im Kopf aus, was sich für ihre Arbeit noch lohnen würde, und nannte der Kundin dann eine niedrigere Summe als gewöhnlich. Die stimmte gerne zu. Als Mareike ihr einige Tage später den fertig bemalten Schrank lieferte, staunte sie nicht schlecht: Die Dame residierte in einer mit Antiquitäten gut bestückten Stadtvilla.

Die Lehre lautet: Schrauben Sie Ihre Forderungen nicht bereits im Vorfeld zurück! Übernehmen Sie nicht in vorauseilendem Gehorsam die Position Ihres Gesprächspartners. Sie haben alles Recht der Welt, voller Selbstvertrauen Ihren Wunsch ohne Abstriche zu nennen. Dazu kann Ihr Gegenüber dann aus seiner Sicht und gemäß seinen Möglichkeiten Stellung nehmen. Notfalls lassen Sie sich ein Hintertürchen offen: Sie nennen Ihre Forderungen zwar unzensiert, geben aber zu verstehen, dass Sie kompromissbreit sind. Damit haben Sie immerhin Ihren Wert dokumentiert und Ihr Verhandlungspartner weiß es umso mehr zu schätzen, wenn Sie sich in einigen Punkten nachgiebig zeigen.

Nicht erwarten, dass es von selbst passiert

Jetzt wird es ernst, Sie müssen sagen, was Sie wollen. Mal ehrlich, wohl keine von uns stellt so richtig gerne Forderungen. Schließlich besteht immer die Möglichkeit, dass sie abgelehnt oder kritisiert werden. Dann fühlen wir uns je nach Bedeutung unseres Wunsches zurückgewiesen, gedemütigt, ignoriert, nicht gesehen, beschämt, entwertet. Außerdem hört niemand gerne, er sei egoistisch, maßlos, nervig oder größenwahnsinnig. Um dem zu entgehen, hoffen wir lieber darauf, dass die anderen von selbst darauf kommen, was wir brauchen. Nur – da können wir in den meisten Fällen lange warten. Falls Sie zu denjenigen gehören, die sich scheuen, Ansprüche zu stellen, machen Sie sich bitte klar: Forderungen sind der Turbo zur positiven Veränderung.

Heidi Klum ist vermutlich nicht für jede von uns ein Role Model. Tatsache ist jedoch, dass sie äußerst prominent ist, Spitzengagen verdient und einen Job hat, der ihr Spaß macht. Das verdankt sie weder dem Zufall noch besonderem Glück oder dem freundlichen Einsatz anderer, sondern ihrem Mut, Forderungen zu stellen. Ohne den wäre sie heute noch ein unbekanntes Katalog-Model. Zu Beginn ihrer Laufbahn wurde sie regelmäßig für Versandhäuser gebucht. Ihre Agentur war damit sehr zufrieden, verdiente sie doch so auf einfache Art ihre Provision. Zwar hatte man Heidi seinerzeit versprochen, ihre Karriere zu pushen, aber nichts dergleichen passierte. Damit wollte sich Heidi nicht zufriedengeben. Sie forderte von ihrer Agentur, sie bei »Victoria's Secret« vorzustellen. Die Models, die auf den Shows dieser bekannten Dessousmarke laufen, haben es in die Oberliga geschafft. Zunächst wiegelte die Agentur mit dem Argument ab, die nähmen nur bekannte Models, aber Heidi bestand darauf, dass man wenigstens einen Vorstellungstermin arrangierte. Sie kam gut an – und das war der Beginn ihrer Karriere. Auch wenn wohl kaum eine von uns »Germany's Next Topmodel« moderieren oder für McDonald's zu Werbezwecken in einen Hamburger beißen möchte – eines können wir von der zielstrebigen Heidi lernen: »Du musst deine Zukunft selbst in die Hand nehmen. Kein anderer wird es für dich tun. Du muss ganz klar sehen, wer du bist, wohin du willst und was du tun kannst, um dahin zu kommen. Vielleicht wird es nie klappen, aber wenn du es nicht selbst versuchst, wirst du es nie erfahren.«

Manipulationen erkennen

Bei allem festen Willen, sich durchzusetzen, manche Mitmenschen sind äußerst geschickt darin, unsere Grenzen zu unterlaufen und unsere Forderungen zu sabotieren. Sie wissen genau, welches Knöpfchen sie bei uns drücken müssen, damit wir tun, was sie wollen. Da ist es gut, zu wissen, womit wir verführbar sind. Schauen Sie sich die klassischen Druckknöpfe doch einmal an. Vielleicht ist einer dabei, der bei Ihnen besonders gut funktioniert? Dann hilft Ihnen eine passende Gegenstrategie, sich mit Selbstvertrauen zu distanzieren.

Der »Wie kannst du mir das antun«-Knopf
Tränen. Ein trauriges Gesicht. Stumme Vorwürfe. Sätze wie: »Du denkst auch nur an dich« oder mit bitterem Unterton: »Geh nur und amüsier dich. Ich komme schon allein zurecht.«

Gegenstrategie: Machen Sie sich klar, dass Ihr Gegenüber durch die Manipulation vermeidet, für sich selbst zu sorgen. Bleiben Sie konsequent. Sagen Sie sich, dass Sie dem anderen damit letztlich etwas Gutes tun: Sie geben ihm die Möglichkeit, Verantwortung zu übernehmen und unabhängig zu werden.

Der »Lass das lieber sein«-Knopf

»Das werden Sie alleine nie schaffen.« – »Bist du dir eigentlich klar darüber, dass du damit deine Zukunft (unsere Liebe, deinen guten Ruf) zerstörst?« – »So eine Gelegenheit bekommen Sie nie wieder.« – »Darüber wird der Chef aber gar nicht glücklich sein.«

Gegenstrategie: Lassen Sie sich nicht den Schneid abkaufen. Wenn Sie sich alles gründlich überlegt haben und gut vorbereitet sind, sagen Sie sich selbst und Ihrem Gegenüber: »Leben bedeutet nun mal Risiko. Sollte wirklich etwas schiefgehen, kann ich immer noch aus meinen Fehlern lernen.«

Der »Du bist die Größte«-Knopf

»Sie sind die Einzige, der ich das zutraue.« – »Der Kleine hängt doch so an dir.« – »Schatz, du kannst das einfach am besten.« – »Ich habe schon so viel Gutes über Sie gehört.«

Gegenstrategie: Bedanken Sie sich freundlich für das Vertrauen, das man in Sie setzt. Nehmen Sie Lob an, ohne sofort eine Gegenleistung zu bieten.

Der »Ich bin wie du«-Knopf

»Ach, Sie sind auch Wassermann?« – »Sie sind aus Ingolstadt? Stellen Sie sich vor, da kommt meine Mutter her.« – »Herr Ober, bringen Sie mir bitte das gleiche wie der Dame.« – »Sie lieben Brahms? Mein Lieblingskomponist!«

Gegenstrategie: Bleiben Sie höflich aber reserviert, wenn Unbekannte Sie allzu schnell nach Hobbys, Sternzeichen, Lieblingsspeisen, Reisezielen oder sportlichen Aktivitäten fragen. Das ist ein Trick, um engeren Kontakt zu knüpfen. Falls Ihnen Ihr Gesprächspartner nicht von vornherein sympathisch ist, gehen Sie auf eine angebotene Ähnlichkeit nicht weiter ein. Sagen Sie nur: »Interessant« oder »Wie nett«.

Der »Das tun doch alle«-Knopf

»Das trägt man so.« – »Alle dürfen bis Mitternacht auf der Party bleiben, nur ich nicht.« – »Wir geben immer diesen Betrag.« – »Das ist bei uns Standard.«

Gegenstrategie: Anstatt sich als Außenseiterin zu fühlen, sagen Sie sich: »Ich bin etwas Besonderes.« Seien Sie stolz auf Ihre konsequente Haltung. Schließlich ist sie die Grundlage jeder Zivilcourage.

Der »Das kannst du nicht«-Knopf

»Ich weiß nicht, ob *Sie* das Problem überhaupt lösen können.« – »Wahrscheinlich können Sie sich das nicht leisten.« – »Das haben Sie wohl in Ihrer Ausbildung nicht gelernt.« – »Frauen kriegen das nicht hin.«

Gegenstrategie: Nehmen Sie die Herausforderung nicht automatisch an. Fragen Sie genau nach: »Was ist denn an der Aufgabe so schwer?« – »Welche Fähigkeiten muss ich denn dazu haben?« Bitten Sie um Bedenkzeit und wägen Sie ab, ob Sie wirklich wollen und können. Wenn unterschwellige Aggression im Spiel ist, lächeln Sie entwaffnend und sagen Sie: »Vielleicht haben Sie recht.«

Der »Ich weiß das besser«-Knopf

»Sind Sie hier der Chef oder ich?« – »Wollen Sie mir sagen, wie ich mit Kindern umzugehen habe?« – »Wir machen das hier schon seit zwanzig Jahren.«

Gegenstrategie: Machen Sie sich klar, dass die meisten Autoritäten Dienstleister sind. Also müssen sie auch für Sie da sein. Fallen Sie nicht innerlich vor der vermeintlichen Bildung Ihrer Gesprächspartner in die Knie. Fragen Sie nach der Kompetenz: »Wie lange machen Sie das schon?« – »Woher wissen Sie das?« – »Wo steht das?« Haben Sie keine Scheu, sich etwas ganz genau erklären zu lassen.

Sich durchsetzen ohne schlechtes Gewissen

In meinen Seminaren zum Thema Selbstsicherheit lautet eine der häufigsten Fragen: »Wie schaffe ich es, mich durchzusetzen, ohne mich hinterher schlecht zu fühlen?« Meine Antwort klingt für die Teilnehmerinnen zunächst enttäuschend: »Das wird Ihnen kaum gelingen.« Und zwar aus gutem Grund.

Von Kindesbeinen an haben wir gelernt, dass unsere Interessen weniger zählen als die der anderen. Wann immer wir uns nach dieser Regel verhalten, entsprechen wir unserem inneren Bild von einem guten Menschen. Dem widerspricht jedoch unser gesunder Egoismus. Von Natur aus liegen uns die eigenen Bedürfnisse mehr am Herzen als die der anderen. Dieser Gegensatz von gelerntem und natürlichem Verhalten bringt uns in eine Zwickmühle: Entscheiden wir uns dafür, dem Wunsch der anderen nachzugeben, handeln wir gegen unsere Interessen. Beschließen wir, unsere eigenen Bedürfnisse in den Vordergrund zu stellen, quälen wir uns mit Schuldgefühlen, weil wir unser Gegenüber nicht wichtig genug genommen haben. Aus dieser Zwickmühle kommen wir nur heraus, indem wir bewusst eine Entscheidung fällen. Dazu empfiehlt es sich, erst einmal Pro und Contra abzuwägen:

- **Will ich meine Interessen wichtig nehmen?** Auf diese Weise gewinnen Sie Zeit, Energie, Geld, Selbstachtung, Respekt. Der Preis dafür ist, dass Sie Schuldgefühle durchstehen müssen, Vorwürfe hören, weniger beliebt sind.
- **Will ich es anderen recht machen?** Dann fühlen Sie sich als guter Mensch. Ihre Mitmenschen sind Ihnen dankbar und mögen Sie. Der Preis dafür ist, dass Sie sich überlastet oder ausgenutzt fühlen und Dinge tun, zu denen Sie keine Lust haben.

Sie haben immer die Wahl. Die Entscheidung fällt Ihnen gewiss leichter, wenn Sie die folgenden Überlegungen einbeziehen: Schuldgefühle bedeuten nicht, dass Sie ein schlechter Mensch sind. Sie sind lediglich Ausdruck Ihres inneren Konflikts zwischen gelerntem und natürlichem Verhalten. Es ist Ihr gutes Recht, die eigenen Wünsche zu verfolgen. Ganz nebenbei, die anderen tun es doch auch, indem sie die eigenen Forderungen wichtiger nehmen als Ihre Interessen. Außerdem: Mit Nachgeben und Funktionieren gewinnen Sie keine wahre Liebe oder Achtung. Überlegen Sie, wie viel Ihnen tatsächlich an Menschen liegt, die Sie allein aufgrund Ihres Wohlverhaltens akzeptieren und mögen.

Gegen das schlechte Gewissen oder die Schuldgefühle hilft nur, sie einfach durchzustehen. Und nicht wieder umzufallen! Sie werden sehen, dass sie dadurch im Laufe der Zeit immer weniger werden. Vor allem, wenn Sie feststellen, dass die Welt nicht untergeht, obwohl Sie Grenzen gesetzt oder Ihre Wünsche energisch genannt haben. Im Gegenteil, manche schätzen Ihre Klarheit und Offenheit und bringen Ihnen mehr Respekt entgegen als vorher.

7. Sich in der Männerwelt positionieren

Der edle Spiegelsaal im Museum für Kunst und Gewerbe in Hamburg fasst 170 Personen. An diesem Abend war er bis auf den letzten Platz besetzt. Tatsächlich hätte sogar noch die dreifache Menge an Karten vergeben werden können, so groß war das Interesse. Dabei wurde in diesem Raum, in dem schon Caruso sang und Paul Hindemith musizierte, diesmal kein künstlerischer Auftritt geboten. Angekündigt war ein Vortrag darüber, wie Frauen sich gegenüber Männern durchsetzen können. Wie sie es erreichen, nicht übersehen oder an die Wand gespielt zu werden. Entsprechend war das Publikum ausnahmslos weiblich. Der Referent Dr. Peter Modler zeigte sich ganz auf unserer Seite: »Ich habe leider im Lauf der Jahre viel zu viele Betriebe und Organisationen erleben müssen, in denen das berufliche Potenzial von Frauen weder wahrgenommen noch unterstützt, trotz anderslautender Lippenbekenntnisse, manchmal sogar deutlich abgewertet wurde.«

Tatsächlich brauchen wir im Umgang mit Männern einen Handwerkskoffer, aus dem wir bei Bedarf die passenden Tools nehmen können, wenn wieder mal einer unser Selbstvertrauen durch Worte oder Verhalten in den Keller katapultiert. Dabei sind es keineswegs nur Machos oder erklärte Quotengegner, denen das gelingt. Die traurige Wahrheit lautet: Das schafft so gut wie jeder Mann. Peter Modler hat dafür einen deutlichen Beleg. In seinen Seminaren für weibliche Führungskräfte, in denen er vor allem mit Rollenspielen arbeitet, stellt er den Teilnehmerinnen einen männlichen Sparringspartner an die Seite. Keinen Profi, sondern einfach jemanden, der daran Interesse hat oder sich ein bisschen Geld verdienen möchte. Erstaunt stellte Modler fest, dass es weder vom Alter noch von der Bildung oder beruflichen Qualifikation eines Mannes abhängt, ob er eine Frau in puncto Selbstvertrauen in die Ecke drängen kann. Einem 17-jährigen Schüler gelingt es ebenso wie einem 50-jährigen Prokuristen ohne große Anstrengung, eine intelligente, kompetente Frau in der Kommunikation auszubremsen. Offensichtlich gibt es Reaktionsmuster, auf die die meisten Männer intuitiv und ganz selbstverständlich zurückgreifen. Und diese Muster sind völlig anders als die von Frauen. Genau aus diesem Grund ziehen wir so häufig den Kürzeren, selbst wenn wir tüchtiger oder besser ausgebildet sind.

Das habe ich selbst vor Jahren erlebt, als diese Zusammenhänge auch in Psychologenkreisen noch kaum bekannt waren. Mit einem mir unbekannten Kollegen hatte man mich als Studiogast in eine Radiosendung eingeladen. Während wir auf die Moderatorin warteten, unterhielten wir uns über unseren beruflichen Hintergrund. Es war offensichtlich, dass mir der Kollege sowohl in Bezug auf seine Ausbildung als auch auf seine praktische Erfahrung kaum das Wasser reichen konnte. In der Sendung war davon allerdings nichts zu merken. Er fiel mir ins Wort, gab weitschweifige Erklärungen ab und verkündete seinen Standpunkt so sicher, als ob er schon jahrzehntelange Praxis vorzuweisen hätte. Meine Rettung war, dass die Moderatorin erkannte, wer von uns beiden den inhaltlich fundierten Beitrag leisten konnte, und mich häufiger ansprach. Sonst wäre ich neben ihm kaum zu Wort gekommen. »So ein Schaumschläger!«, beschwerte ich mich anschließend erbost bei meinem Mann. Inzwischen weiß ich: Das Verhalten des Kollegen war völlig normal – männlich.

Männersprache – Frauensprache

Ja, wir sprechen deutsch. Das ist aber auch die einzige Gemeinsamkeit. Unbewusst benutzen Männer und Frauen eine völlig unterschiedliche Sprache. Diese Erkenntnis ist noch recht jung. Erst in den 1960er-Jahren entwickelte sich im Zuge des Feminismus ein Bewusstsein dafür, dass weibliche Kommunikation anders ist als männliche. Von daher waren es auch überwiegend Frauen, die dieses Gebiet erforschten. In den USA hat sich Deborah Tannen, Professorin für Linguistik an der Universität von Georgetown, mit Sprache in alltäglichen Situationen beschäftigt. Ihr Bestseller »Du kannst mich einfach nicht verstehen. Warum Männer und Frauen aneinander vorbeireden« erschien 1986 in Deutschland. Gewiss hat er dazu beigetragen, dass wir für die sprachlichen Differenzen der Geschlechter sensibler geworden sind. Tannen hat nämlich den gar nicht so kleinen Unterschied mit einer griffigen Formulierung auf den Punkt gebracht: Frauen leben in einer Beziehungswelt, Männer in einer Statuswelt. Das bedeutet, dass Frauen den Schwerpunkt auf gute Beziehungen setzen, Männern dagegen die Rangordnung wichtig ist. Ob das nun angeboren oder anerzogen ist, darüber streitet sich die Wissenschaft. Die »Männer sind vom Mars Frauen von der Venus«-Fraktion erhält regelmäßig Unterstützung durch neue Forschungsergebnisse. So konnten kürzlich Wissenschaftler der University of Pennsylvania mit dem speziellen Verfahren der Diffusions-Tensor-Bildgebung nachweisen, dass es im weiblichen Gehirn besonders viele Kontakte *zwischen* den beiden Gehirnhälften gibt, während bei Männern Verknüpfungen *innerhalb* der Hälften dominieren. Damit versucht man die unterschiedlichen Eigenschaften zu erklären. Allerdings sind wir als entwicklungsfähige Wesen nicht strikt auf unsere Anatomie festgelegt. Verhaltenspsychologen, Soziologen und Pädagogen belegen, dass vieles des angeblich typisch weiblichen oder männlichen Verhaltens dem Einfluss von Gesellschaft und Erziehung geschuldet ist. Sie haben nachgewiesen, dass bereits kleine Jungen und Mädchen unterschiedlich angesprochen und behandelt werden und schon im Kindesalter über Spiele ein rollenspezifisches Verhalten lernen. Der Unterschied zwischen Wettspucken und Seilchenspringen liegt auf der Hand. Ob angeboren oder erlernt – Tatsache ist jedenfalls, dass die Ausdrucksweise und das Verhalten der Geschlechter nicht identisch sind.

Die Seidenpapiersprache der Frauen
Das zeigt sich besonders in der Sprache. Typisch für unsere weibliche Kommunikation ist, dass wir persönliche Erfahrungen einbringen. Denken Sie doch nur einmal an Ihre letzte Unterhaltung mit einer Freundin. Vermutlich haben Sie einander erzählt, was passiert ist und wie Sie sich dabei gefühlt haben. Generell bemühen Frauen sich, die innere Distanz zu ihren Gesprächspartnern zu verringern, indem sie mit Nicken und »mhm« signalisieren, dass sie aufmerksam zuhören – was allerdings nicht notwendig bedeutet, dass sie dem Gesagten auch zustimmen.

Unsere Sprache zeigt noch eine weitere Eigenheit: Wir verpacken unsere Botschaften gerne weich. Bildlich gesehen schlagen wir sie in Seidenpapier, indem wir uns eher indirekt und höflich äußern. Das geschieht auf vielfältige Weise.

- Wir verwenden häufig sogenannte Unschärfemarkierer, mit denen wir die Gültigkeit unserer Aussage abschwächen, zum Beispiel: »irgendwie«, »oder so«, »Ich glaube …«, »… finde ich«, »eigentlich …« Dazu zählt auch, dass wir Aussagen als Frage formulieren: »Sollten wir nicht mal …?«
- Bescheiden werten wir die Bedeutung unserer Aussage mit Floskeln ab: »Das ist nur so eine Idee von mir«, »Mir ist eingefallen, dass …«, »Ganz spontan …«, »Nur mal

ins Unreine gesprochen …«, »Ich habe da mal eine ganz dumme Frage …«
- Gerne benutzen wir sprachliche Verkleinerungen und Verniedlichungen: »ein bisschen«, »etwas«, »ganz süß«, »Nur ein Häppchen«, »Auf ein Gläschen Wein.«
- Unsere Sätze intensivieren wir mit Adverbien und Adjektiven. Zum Beispiel: »Der ist total nett«, »Das ist wirklich ganz reizend«, »Ich habe mich riesig gefreut«, »Das war eine tolle Veranstaltung.«
- Statt unangenehmer oder vulgärer Ausdrücke benutzen wir Umschreibungen, etwa »Liebe machen« für das F-Wort oder »… hat uns für immer verlassen« statt »… ist gestorben«.
- Wir streuen sogenannte Abtönungspartikel ein: »doch«, »eben«, »halt«, »eher« – das sind wir eben halt so gewohnt.
- Häufig benutzen wir den höflichen Konjunktiv: »Ich würde gerne …«, »Es wäre schön, wenn …«, »Könnten wir nicht …?«

Der Klartext der Männer

Männer haben es nicht so mit dem Erzählen, sie kommunizieren eher auf der Sachebene. Das kann wohl jede Frau bestätigen, die ihren Liebsten fragt: »Wie war denn dein Tag?« Männer finden es auch nicht wichtig, während eines Gespräches eine emotionale Verbindung herzustellen. Oder haben Sie schon mal einen Mann erlebt, der mit schräg geneigtem Kopf regelmäßig bestätigende Brummlaute von sich gab, während er seinem Gegenüber lauschte? Der männliche Teil der Bevölkerung denkt vielmehr überwiegend in Gewinner- und Verliererkategorien: Wer hat recht? Wer hat das Sagen? Entsprechend kurz und knapp fallen die Sätze aus. Speziell die folgenden Eigenheiten lassen sich sprachlich bei den meisten nachweisen:

- Männer scheuen sich tendenziell davor, Emotionen zu artikulieren. Ihr Gesprächsstil ist berichtend, sie bevorzugen Fakten, Daten und Zahlen.
- Fragen dienen zur reinen Information. Allenfalls sind sie rhetorisch: »Sie glauben doch nicht, dass Sie damit durchkommen?«
- Sie stellen Behauptungen auf und vertreten diese mit Vehemenz, auch wenn sie sich nicht sicher sind. »Das funktioniert so nicht«, »Er ist der Beste«, »Die sind nur zu faul.«
- Männer unterbrechen ihr Gegenüber häufiger.
- Bei vielen herrschen Anweisungen vor, die manchmal arg nach Befehlston klingen: »Mach das«, »Lass das«, »Komm mit«, »Zeig mal.«
- Sie sprechen lauter als Frauen. Denken Sie nur an Männer im Lokal oder mit Handy in öffentlichen Verkehrsmitteln.
- Einige Männer benutzen Kraftausdrücke und äußern sich sexistisch, zumindest wenn sie unter sich sind.
- Sie wenden überwiegend den Imperativ an: »Reich mir mal bitte die Butter.«

Gewiss erkennen Sie schon an dieser kurzen Gegenüberstellung: Da prallen Welten aufeinander. Männer sehen sich als Einzelkämpfer in einer hierarchischen sozialen Ordnung. Gespräche dienen vor allem dazu, den eigenen Rang zu bestimmen. Es geht darum, die Vorrangstellung zu erreichen und die eigene Unabhängigkeit zu bewahren. Sachlichkeit ist dabei zumindest sprachlich Trumpf. Wir Frauen dagegen sehen uns in einem Netzwerk zwischenmenschlicher Beziehungen. Mit Gesprächen möchten wir emotionale Nähe und Verbindung herstellen. Uns ist wichtig, dass sich alle wohlfühlen und man auf einer Wellenlänge liegt. Dann kann man sich gemeinsam der Sache widmen.

Missverständnisse sind vorprogrammiert

Im Privatleben führen die unterschiedlichen Sprachwelten oft zu fatalen Missverständnissen. Das zeigen klassische Dialoge wie dieser:

Sie: »Liebst du mich eigentlich noch?« Er: »Natürlich liebe ich dich. Sonst wäre ich doch nicht hier.« Während sie mit ihrer Frage die Sehnsucht nach mehr Nähe ausdrückt, nimmt er die Aussage wörtlich und reagiert auf der Sachebene. Aus dem gleichen Grund sind auch viele Frauen frustriert, die sich bei ihrem Partner einfach nur mal aussprechen möchten und Verständnis wünschen. Der fühlt sich jedoch als Retter in der Not angesprochen und präsentiert gleich eine Lösung.

Sie: »Die Kinder waren heute total nervig. Julian wollte unbedingt einen Lolli und hat sich im Supermarkt brüllend auf den Boden geworfen. Ich war fix und fertig.« Eine Freundin hätte jetzt sicher mitfühlend gesagt: »Du Arme. Die Trotzphase ist wirklich der schiere Horror. Das war bei unserem Jonas genauso.« Der Partner jedoch reagiert typisch männlich: »Du musst ihn eben an der Kasse ablenken, damit er gar nicht mitkriegt, dass da Süßigkeiten liegen.« Na danke, das weiß sie auch selbst.

Ebenso kritisch ist der Clash der Sprachwelten im Beruf. Hier verlieren Frauen ihr Selbstvertrauen, weil sie immer wieder erfahren, dass sie nicht ernst genommen werden. Etwa wenn man ihre Vorschläge im Meeting übergeht, während man die des Kollegen ausführlich diskutiert. Oder wenn ihre Anordnung, eine Arbeit bis zum folgenden Tag fertigzustellen, nicht befolgt wird. »Ich dachte nicht, dass das so eilig ist«, entschuldigt sich der Mitarbeiter. Den meisten Frauen ist nicht bewusst, dass ein Grund dafür ihr weiblicher Sprachstil ist. Er kommt bei Männern falsch an. Unsere Bescheidenheitsfloskeln nehmen sie für bare Münze, nach dem Motto: Die schätzt sich ja selbst nicht besonders hoch ein, warum soll ich es dann tun? In Frageform geäußerte Wünsche interpretieren sie als echte Frage und antworten arglos mit Nein. Höflich in eine Bitte verpackte Anweisungen wie »Könnten Sie das wohl bis morgen fertig machen?« verstehen sie als Spielraum für eine eigene Entscheidung. Wir Frauen sind oft fassungslos, mit welcher Chuzpe die Kollegen aus der Luft gegriffene Behauptungen aufstellen, während wir uns erst dann zu Wort melden, wenn wir unsere Meinung auch wasserdicht belegen können. Und wir verstummen irritiert, wenn man uns mitten im Satz unterbricht.

Zweisprachigkeit im Job

Wollen wir verbal unser Selbstvertrauen zurückgewinnen, kommen wir um Zweisprachigkeit nicht herum. Wir müssen uns den männlichen Sprachstil aneignen, um ihn gegebenenfalls einsetzen zu können. Helmut Ebert, Professor für Germanistik in Bonn, ermutigt dazu: »Frauen werten häufig die eigene Arbeit und die eigene Person ab. Männer neigen dazu, die eigene Person und Leistung aufzuwerten. Das hat zur Folge, dass die Leistungen der Frauen von Vorgesetzten nicht wahrgenommen werden und ihr Potenzial nicht voll ausgeschöpft wird. Aber das ist natürlich kein Naturgesetz. Jeder Mensch kann den Sozialstil des anderen Geschlechts erwerben.« Der erste Schritt ist, dass wir uns bewusst machen, was den männlichen Sprachstil auszeichnet: Er ist direkt, sachlich und deutlich, gegebenenfalls auch kompetitiv und dominant. Kurze Sätze, keine Emotionen, mehr berichten als erzählen. Sich das Recht nehmen, zu unterbrechen. Klar, das haben wir schon verstanden!

Allerdings ist es nicht so einfach, das auch in die Praxis umzusetzen. Wir kommen uns ruppig und unhöflich vor, weil wir diese Art Sprache einfach nicht gewohnt sind. Außerdem bringt es uns in eine Zwickmühle: Benutzen wir unseren eigenen Sprachstil, werden wir als Frau akzeptiert, man spricht uns Charme, Weiblichkeit und Einfühlungsvermögen zu – aber wir sind machtlos. Äußern wir uns dagegen im männlichen Jargon, nimmt man uns ernst, hält uns aber für eine Emanze mit Haaren auf den Zähnen. Was tun? Die Lösung liegt darin, beides perfekt zu beherrschen und je nach Situation zu switchen. Professor Ebert drückt das männlich-sachlich aus: »Man muss schauen, wann welches Verhalten zielführend ist.« Das heißt, wir stellen uns die Frage: Was will ich in dieser Situation erreichen? Möchte ich mich durchsetzen oder liegt mir hauptsächlich daran, eine Wohlfühl-Atmosphäre zu schaffen? Oft macht es auch der Mix: Etwa zuerst mit weiblichem Sprachstil ein gutes Klima schaffen – und wenn es darauf ankommt, Tacheles reden. Oder umgekehrt: Erst den Herren zeigen, mit wem sie rechnen müssen – und dann ganz soft ins Freundlich-Verbindliche übergehen.

Die Rangordnung klären

Für den erfolgreichen verbalen Umgang mit Kollegen und Vorgesetzen müssen Sie außerdem noch wissen, dass die Hierarchie eine große Rolle spielt. Bei Männern ist die Rangordnung zunächst wichtiger als der Inhalt. Unternehmensberaterinnen bestätigen, dass Männer in Teams erst dann in der Lage sind, sachlich zu arbeiten, wenn die Hierarchie geklärt ist. Auf gleicher Ebene geschieht das oft über Vorgeplänkel. Die Kolleginnen schütteln innerlich den Kopf und sind genervt, wenn vor oder zu Beginn eines Meetings regelmäßig ein Schlagabtausch stattfindet: »Na, hängst du immer noch an dem Projekt?« – »Deine Präsentation neulich war ja ein Totalausfall.« – »Frau Schmidt steht wohl auf dich, dass sie deine Spesen immer durchgehen lässt.« Das ist mehr als nur Jungspalaver, hier wird die Rangordnung festgelegt. Auch wenn es schwerfällt, warten Sie nicht, bis endlich die Sachthemen dran sind, mischen Sie unbedingt mit. Sticheln Sie zum Beispiel auf charmante Art: »Oh, Charly, heute so schick?« oder erkundigen Sie sich: »Na, Herr Meyer, wie war denn der Urlaub?« Haben Sie die Führungsposition inne, dann müssen Sie unbedingt eine klare Ansage machten, etwa: »Ich bin Anne Liebknecht. Ich leite heute die Sitzung. Nehmen Sie jetzt Platz, damit wir anfangen können.« Andernfalls vergeht viel Zeit mit verbalem Gerangel und indirekten Machtspielchen.

Den Chef ins Visier nehmen

Wir Bewohnerinnen der Beziehungswelt sind es gewohnt, uns demokratisch zu verhalten. Wenn wir nicht gerade berechnend sind, dann gilt uns in einem Meeting die Sekretärin so viel wie der Projektleiter. Entsprechend bemühen wir uns, etwa bei einer Präsentation sämtliche Anwesende gleichermaßen anzuschauen und einzubeziehen. Das ist liebenswert und ehrenhaft und in einer Frauenrunde auch völlig angebracht – nicht aber unter Männern. Die orientieren sich nämlich wie ein Wolfsrudel am Anführer. Wenn der zustimmend nickt, sind auch die Übrigen dafür. Sprechen Sie also vor allem in Richtung dieser wichtigsten Person. Und außerdem, die Nummer eins kritisiert man besser nicht in aller Öffentlichkeit. In diesem Punkt habe ich selbst reichlich Lehrgeld gezahlt. Noch heute werde ich schamrot, wenn ich daran denke, mit welcher Naivität ich als Beraterin dem Leiter einer Marketingabteilung in die Parade gefahren bin, weil ich seine Idee psychologisch ungeschickt fand. Meine Courage hat mich seinerzeit einen äußerst lukrativen Auftrag gekostet. Sie müssen sich nicht verbiegen, aber ein behutsames Gespräch unter vier Augen bringt entschieden bessere Resultate.

Nonverbales Revierverhalten

Sie sprechen also fließend männlich, sofern es nötig ist, und wenden die Kommunikationsregeln im Umgang mit den Herrschaften an. Schön wäre es, wenn damit schon alles getan wäre, um sich in der Männerwelt durchzusetzen. Doch leider sind wir noch nicht ganz am Ziel: Außer der verbalen zählt auch die nonverbale Kommunikation. Oft ist sie sogar noch entscheidender als die gesprochenen Worte.

In den 1950er-Jahren begründete der US-Anthropologe Edward T. Hall eine Disziplin, die er Proxemik nannte, abgeleitet vom lateinischen »proximum«, nahe. Sie befasst sich mit den Verhaltensweisen von Menschen hinsichtlich Nähe und Distanz. Hall unterteilte die Abstände zwischen Individuen in Distanzzonen: Die Intimzone ist Menschen vorbehalten, mit denen ein enger emotionaler Kontakt besteht, wie den Kindern oder dem Partner. In der Privatzone führt man Gespräche, ohne sich bedrängt zu fühlen, etwa auf einer Party. In der Sozialzone fühlt man sich mit Unbekannten wohl. Was darüber hinausgeht, bezeichnet man als Öffentlichkeitszone. Für jede Zone gibt es bestimmte Normen und Verhaltensweisen. Zwar variiert das Maß der Intimzone je nach Kulturkreis, doch darf sie nirgendwo ungefragt überschritten werden.

Zur Proxemik gehört auch die Beschäftigung mit unserem Territorialverhalten. Tatsächlich kennen nicht nur Tiere ein Revier, sondern auch Menschen. Darunter versteht man die Zone, die wir als unseren persönlichen Raum beanspruchen. Sie kann ein fester Bereich sein, wie etwa unsere Wohnung oder unser Büro. Wir können sie aber auch vorübergehend einrichten, zum Beispiel im Zug oder im Restaurant. Dazu bestimmen wir eine unsichtbare Trennlinie in angemessener Entfernung um unsere Person, die wir oft auch mit persönlichen Gegenständen markieren. Wird diese Grenze ohne ausführliches Beschwichtigungsritual verletzt

(»Verzeihen Sie, macht es Ihnen etwas aus, wenn ich mich dazusetze?«, »Darf ich wohl meine Tasche hier abstellen?«), fühlen wir uns bedrängt. Gegebenenfalls wehren wir uns gegen den Eindringling.

Ich erinnere mich an ein Experiment, das wir im Psychologiestudium machten: Man nahm im Café oder Restaurant an einem Tisch Platz, an dem schon jemand saß. Der Betreffende hatte natürlich keine Ahnung davon, dass er als Versuchskaninchen diente. Dann schob man wie unabsichtlich die Kaffeetasse, die Zuckerdose oder den Salzstreuer in das imaginäre Revier des Gegenübers. Es dauerte nicht lange, dann kam das Requisit genauso beiläufig zurück. Die Versuchsperson verteidigte ihr Territorium. Wir amüsierten uns damals über die Reaktion, die wir fast automatisch hervorrufen konnten. (Probieren Sie es gerne selbst aus, es funktioniert garantiert immer noch!) Tatsächlich steckt dahinter eine durchaus ernst zu nehmende Verhaltensweise.

Revierverletzungen sind nicht harmlos

Angenommen, Sie sitzen im ICE in einem Abteil mit einem Tisch in der Mitte und haben darauf eine Zeitschrift und Ihre Brille abgelegt. An der nächsten Station steigt ein Herr zu. Nach kurzem Gruß schiebt er Ihre Utensilien zur Seite und klappt seinen Laptop auf. Ich bin sicher, das ärgert Sie, und ganz zu Recht. Der Mann ist fraglos in Ihr Revier eingedrungen und hat damit seine Macht demonstriert.

In unwichtigen Situationen wie dieser begnügen wir uns meist mit einem bösen Blick und beschwichtigen uns damit, dass unser Gegenüber eben keine Manieren hat. Nun ja, man kann ladylike darüber hinwegsehen. Anders liegt der Fall jedoch, wenn uns etwas Ähnliches im beruflichen Zusammenhang passiert. Dann gilt es, äußerst wachsam zu sein. Was nämlich so harmlos erscheint, ist in Wahrheit ein Versuch, Dominanz zu erreichen. Dahinter steckt meist nicht einmal eine aggressive Absicht. Männer in ihrer Statuswelt können oft gar nicht anders, sie müssen auch in der nonverbalen Kommunikation ständig ausloten, wer der Stärkere ist.

Der Freiburger Unternehmensberater Peter Modler bringt dafür aus seiner Trainingserfahrung ein schönes Beispiel: Bettina arbeitet als Programmiererin seit drei Jahren in einer Software-Firma. Der Umgangston unter den Kollegen ist locker, man duzt sich. Bettinas Kollege Mike ist erst seit Kurzem in der Firma, ein allseits beliebter Sonnyboy. Er schaut öfter nur mal so bei ihr im Büro herein und plaudert nett. Meist lässt er sich dazu auf dem Stuhl vor ihrem Schreibtisch nieder. Und immer hat er etwas dabei, das er dann auf ihrem Schreibtisch ablegt, mal eine Flasche, mal eine Unterlage. Bettina wundert sich, dass sie bei seinen liebenswürdigen Kurzbesuchen zwiespältige Empfindungen hat. Irgendetwas ist ihr unangenehm, ohne dass sie sagen könnte, was. Des Rätsels Lösung: Mike startet bei jedem seiner scheinbar zugewandten Besuche in ihrem Büro eine kleinen territorialen Angriff, indem er Gegenstände auf einer Fläche deponiert, die zu ihrem Revier gehört. Vermutlich macht er das nicht einmal bewusst, sondern es handelt sich um ein eingefleischtes männliches Ritual.

Nonverbal zurückspielen

Doch wie kann man so etwas ansprechen, ohne sich lächerlich zu machen? Für die Aufforderung: »Nimm sofort deine Sachen da runter!« würde Bettina sicher einen höchst erstaunten Blick von Mike ernten. Am Ende schätzt man sie dann im Kollegenkreis noch als zickig oder sonderbar ein. Tatsächlich muss man auch gar nicht darüber reden. Viel erfolgreicher ist es, auf der Ebene zu reagieren, auf der man angegriffen wird. Im Fall von Bettina und Mike ist das die nonverbale Ebene der territorialen Symbole. Als Mike beim nächsten Mal wieder munter plaudernd seine Sachen auf Bettinas Tisch deponiert, hört sie ihm lächelnd zu, nimmt dabei aber beiläufig jeden einzelnen Gegenstand sofort in die Hand und stellt ihn auf den Boden oder legt ihn auf einem Stuhl ab. Am freundlichen Klima des verbalen Gesprächs ändert sich scheinbar nichts, nur dass Mike es diesmal sehr eilig hat, aus dem Büro zu kommen. Er hat Bettinas territoriale Botschaft genau verstanden. Sie hat ihm demonstriert, wer hier das Heft in der Hand hat.

Übersehen Sie niemals territoriale Verletzungen im Job. Die Einstellung: »Das ist doch Kinderkram. Auf dieses Niveau begebe ich mich als intelligente Frau nicht, sollen die Jungs ihren Spaß haben« kann Sie Ihre Position kosten. Wenn Sie den Übergriffen keinen Riegel vorschieben, setzt sich der andere früher oder später auch bei für Sie wichtigen Projekten durch.

Sich mit Körpersprache sichtbar machen

Die passende nonverbale Kommunikation einzusetzen beinhaltet noch mehr, als nur das eigene Revier zu schützen. Dazu gehört auch, dass wir via Körpersprache unsere Bedeutung vermitteln. Für uns Frauen ist das gar nicht so einfach. Aufgrund unserer weiblichen Sozialisation neigen wir dazu, uns physisch zurückzunehmen, während die Männer mit vollem Körpereinsatz agieren.

Erst kürzlich durfte ich das wieder auf einer Pressekonferenz beobachten, bei dem ein Mann und eine Frau für eine Nonprofit-Organisation Rede und Antwort stehen wollten. Der Mann begrüßte schon am Eingang mit viel Schulterklopfen Journalisten, die er kannte, während seine gleichrangige Kollegin auf dem Podium damit beschäftigt war, Unterlagen zu ordnen. Als es darum ging, zu überprüfen, ob die Technik auch funktionierte, stand der Mann gleich am Mikrofon und sprach ein paar markige Sätze, während seine Mitstreiterin im Hintergrund Details mit dem Techniker diskutierte. Für mich war es nicht verwunderlich, dass der Mann schließlich wie der Boss und die Frau wie seine Mitarbeiterin wirkte. Tatsächlich gingen die meisten Fragen der Journalisten dann auch an ihn.

Wir kommen nicht umhin, im Berufsleben physisch mehr Präsenz zu zeigen. Sicher geht es nicht darum, das männliche Verhalten eins zu eins zu übernehmen, sich einiges abzuschauen ist jedoch allemal sinnvoll. Auf diese Weise werden wir jedenfalls nicht mehr übersehen. Trauen Sie sich ruhig, einige männliche Verhaltensweisen zu übernehmen:

Setzen Sie sich nicht auf den erstbesten freien Stuhl, sondern suchen Sie sich gezielt einen prominenten Platz, gerne neben einer bedeutenden Person. Statt sich an der Wand oder in einer Ecke aufzuhalten, stellen Sie sich in die Mitte des Raumes. Schütteln Sie allen, die Sie für wichtig halten, die Hand und gehen Sie bei Veranstaltungen herum, anstatt sich geduldig von einer einzigen Person belagern zu lassen.

Die richtige Taktik im Spiel der Geschlechter

Mit Zweisprachigkeit und passendem nonverbalen Verhalten steigt unser Selbstvertrauen. Wir fühlen uns dann nicht länger diffus unwohl oder sind verärgert, weil unsere Kompetenz nicht anerkannt wird. Stattdessen haben wir ein gutes Handwerkszeug in unserem psychologischen Werkzeugkoffer, um uns in einer Männerdomäne durchzusetzen, falls das angesagt ist.

Ein schönes Beispiel dafür erzählte kürzlich Angelika Gifford, Vizepräsidentin des Software-Konzerns Hewlett-Packard, aus ihren Anfängen bei Microsoft. Man hatte ihr dort ihre erste große Projektleitung übertragen und nun sollte sie das erste Meeting mit den ihr bisher unbekannten Mitarbeitern leiten. Im Konferenzsaal sah sie in 24 ablehnende Männergesichter. Eine Frau als Chefin? Das geht doch gar nicht! In der Kaffeepause stand sie denn auch ganz alleine da, während die Männer sich in Grüppchen zusammenfanden und offenbar überlegten, wie man gegen diesen Affront vorgehen könnte. Angelika Gifford kochte. Und dann aktivierte sie ihr Selbstvertrauen. Als sich alle wieder eingefunden hatte, sagte sie energisch: »Meine Herren, entweder wir ziehen das jetzt hier gemeinsam durch und sind erfolgreich – oder da ist die Tür! Für diejenigen, die nicht mitziehen wollen.« Natürlich war sie auch bestens vorbereitet, hatte Daten und Fakten parat. Am Ende gratulierten die Mitarbeiter ihr zu dem gelungenen Meeting und äußerten ihre Freude auf die Zusammenarbeit.

Na bitte, geht doch! Allerdings sollten wir bei allem Selbstvertrauen nicht verbissen agieren. Sehen wir es als ein Spiel, als eine Art Frauenfußball: Wir kennen die Taktik unserer Gegner und nutzen sie geschickt, um zu gewinnen.

Aber zum Glück ist keineswegs immer und überall Powerplay und Wettkampf nötig. Schließlich gibt es auch wunderbare Männer, die uns großartig unterstützen, die gar nicht auf die Idee kommen, uns auszubooten, und die uns verstehen, weil sie ebenfalls zweisprachig sind. Vielleicht haben Sie so ein Prachtexemplar zu Hause als Partner oder im Job als Kollege oder Mentor. Kürzlich saß bei meinem Vortrag für weibliche Universitätsmitglieder als einziger männlicher Zuhörer der Assistent der Veranstalterinnen im Publikum und hörte sich interessiert meine Fakten zum Thema »Männersprache – Frauensprache« an. Anschließend fragte ich ihn mit einem Augenzwinkern: »Ich hoffe, ich habe Sie als Mann jetzt nicht mit meinen Ausführungen gekränkt?« »Ach nein«, sagte er. »Ich bin in dem Fall ohnehin nicht typisch – ich bin mit drei Schwestern groß geworden.«

8. Mit Kränkungen souverän umgehen

Von Eleanor Roosevelt, der amerikanischen Feministin und ehemaligen First Lady, stammen die klugen Worte: »No one can make you feel inferior without your consent.« Ich übersetze sie so: »Niemand kann Ihnen Ihr Selbstvertrauen nehmen, wenn Sie dem nicht zustimmen.« Mrs. Roosevelt hat völlig Recht. Nur kommt niemand höflich auf uns zu und sagt: »Entschuldigen Sie, ich möchte Ihnen gerne Ihr Selbstvertrauen nehmen. Sind Sie bitte so freundlich, es mir zu überlassen?« Stattdessen überfällt man uns und bringt mit kleinen und großen Kränkungen, Verletzungen oder Missachtungen unser Selbstvertrauen in Gefahr. Doch wir sind nicht wehrlos – vorausgesetzt, wir haben die richtige Einstellung und das nötige Know-how zur Selbstverteidigung.

Verbale Gemeinheiten selbstbewusst parieren

Es kann uns jeden Tag passieren: Jemand kommt uns unverschämt, ist ungerecht oder taktlos. Die Frechheit macht uns meist sprachlos, selbst schlagfertigen Frauen fällt dazu erst einmal nichts mehr ein – Selbstvertrauen perdu.

Die Management-Trainerin Sabine Asgodom erzählt von so einer Situation: Sie hatte erfolgreich einen Vortrag vor Führungskräften eines Konzerns gehalten. Während sie im Anschluss noch ihre Unterlagen ordnete, kam eine Dame auf sie zu und sagte mit Blick auf die runde Figur der Referentin zuckersüß: »Ich habe da übrigens eine sehr wirkungsvolle Diät aus den USA, die kann ich Ihnen gerne weitergeben.« Sabine Asgodom, sonst durchaus eloquent, war vor so viel Unverschämtheit sprachlos.

Kein Wunder, denn das ist ein Killersatz – und da ist der Schock gewollt. Ziel und Zweck ist es, zu verunsichern und in die Defensive zu drängen. Solche Abwertungen werden »Killerphrasen« genannt, weil sie jede faire Kommunikation abtöten. Es sind Angriffe, die oft unterhalb der Gürtellinie treffen. Scheinbar sachlich zielen sie in Wirklichkeit auf die emotionale Seite des Gegenübers. Genau deshalb lassen sie sich auch anhand der Gefühle enttarnen, die sie in uns auslösen: Betroffenheit, Hilflosigkeit, Verwirrung, Unterlegenheit, Kränkung. Empörung, Zorn oder Aggression. Die Motive dahinter sind leicht zu durchschauen. Da will sich jemand auf unsere Kosten profilieren, uns als Konkurrentin ausschalten oder eigenen Frust loswerden.

Killerphrasen betreffen meist unsere Person: Unser Äußeres, unsere Gefühle und psychische Stabilität, Fähigkeiten und Kompetenzen, Werte, Normen oder Anschauungen. Sie können sich aber auch auf die Gruppe beziehen, zu der wir gehören, etwa Religion, Partei oder Geschlecht.

Mit Selbstvertrauen können wir Killerphrasen Paroli bieten, sogar wenn Schlagfertigkeit nicht unsere Stärke ist. Allerdings müssen wir dazu etwas Vorarbeit leisten.

Die eigene Schwachstelle schützen

Siegfried aus der Nibelungensage badete in Drachenblut und war deshalb unverwundbar. Doch an einer einzigen Stelle griff die Versiegelung nicht, weil ihm dort ein Lindenblatt auf die Schulter geflattert war. Ein passendes Bild auch für uns. Wir mögen noch so viel Selbstvertrauen besitzen, es gibt eine spezielle Schwachstelle, an der wir eventuell bis ans Ende unserer Tage angreifbar sind. Etwa unsere Ausbildung, unsere Herkunft, unser Problem mit Zahlen oder Technik, unsere Körpergröße, etwas an unserem Aussehen, eine Behinderung. Fragen Sie sich also: In welchem Bereich fühle ich mich unsicher oder ungenügend? Das ist genau die Stelle, an der man Sie packen kann. Mit diesem Wissen können Sie schon vorab die passende Reaktion auf einen möglichen Angriff vorbereiten.

Silvia, 43, ist Ernährungsberaterin. Sie wird von Vereinen gerne zu Informationsabenden über gesunde Ernährung eingeladen. Ihre Referate sind immer lebendig und so formuliert, dass auch Laien die Fakten gut verstehen. Silvias heimlicher Schwachpunkt ist, dass sie nicht Ökotrophologie studiert hat. Sie kommt aus der Praxis und hat sich mit Kursen fortgebildet. Als sie sich nach einem gelungenen Info-Abend in der Garderobe den Mantel anzieht, spricht sie ein Mann aus dem Publikum an: »Was Sie da von sich gegeben haben, war bloßes Hausfrauenwissen, so etwas liest man doch in jeder Frauenzeitschrift!« Völlig überrumpelt und getroffen stottert Silvia, dass es ihr Leid tut, wenn es ihm nicht gefallen hat. Der Herr wünscht noch einen schönen Abend und verschwindet. Auf dem Heimweg wird Silvia immer wütender auf diesen unverschämten Kerl. Ihr ist aber auch klar, dass der sie nur so aus dem Konzept bringen konnte, weil er genau auf ihre Schwachstelle gezielt hat. Und dass ihr das immer wieder passieren kann. Sie beschließt, sich für zukünftige Angriffe dieser Art zu präparieren, und überlegt, was sie wohl am besten erwidern würde. Tatsächlich, Monate später erlebt sie etwas Ähnliches. Diesmal wirft ihr in einer anschließenden Diskussion ein Teilnehmer vor, was sie erläutere, sei ja so simpel, dass es in der »Brigitte« stehen könne. Silvia ist auf diesen Angriff vorbereitet und erwidert selbstbewusst: »Sie verwechseln offenbar ›simpel‹ mit ›verständlich‹. Fachwissen so zu formulieren, dass es jeder versteht, ist eine Kunst.« Daraufhin bekommt sie spontan Zuspruch von mehreren Teilnehmerinnen.

Top-Techniken zur Gegenwehr

Wenn wir neben der Kenntnis unserer geheimen Schwachstellen auch die verschiedenen Techniken der Gegenwehr beherrschen, sind wir für die kleinen Gemeinheiten des Alltags bestens gerüstet. Im Folgenden finden Sie dazu eine Auswahl, die sich bewährt hat. Schauen Sie, welcher Kommentar sich besonders zum Schutz Ihrer persönlichen Schwachstelle eignet. Merken Sie ihn sich, damit Sie ihn demnächst ohne langes Nachdenken parat haben. Allerdings ein Rat vorweg: Greifen Sie bitte nicht blindlings in Ihren rhetorische Werkzeugkoffer. Berücksichtigen Sie immer, in welcher Beziehung Sie zu demjenigen stehen, der Sie angreift. Einem Kollegen oder jemandem aus Ihrem Bekanntenkreis dürfen Sie locker kontern. Bei Vorgesetzten oder wichtigen Kunden sollten Sie sich eine scharfe oder flapsige Bemerkung lieber verkneifen und eine gemäßigte Form wählen.

Das Motiv aufdecken

»Sie haben so viel Ahnung von Statistik wie ein Huhn vom Sambatanzen.« – »Ihre Fakten sind doch Schnee von gestern.«

→ Stellen Sie in sachlichem Ton fest: »Mit diesem Satz wollen Sie mich wohl lächerlich machen.« – »Sie versuchen, meine Kompetenz anzuzweifeln.« – »Sie wollen meinen Vorschlag abwerten.«

Die Bemerkung ignorieren

»Sie sehen blass aus, Sie haben wohl zu viel gefeiert.« – »Heute bist du ja mal richtig schick.«

→ Manchmal ist es am besten, über eine boshafte Bemerkung souverän hinwegzugehen. Überhören Sie sie entweder völlig oder nicken Sie kurz: »Danke für den Hinweis.«

Die Killerphrase auf die Spitze treiben
»Davon hast du doch keine Ahnung.« – »Das geht garantiert daneben.«
→ Indem Sie übertreiben, machen Sie deutlich, wie absurd die Aussage ist. Sagen Sie süffisant, dramatisch oder total zerknirscht: »Du hast ja völlig recht, davon verstehe ich nicht die Bohne.« – »Ja, ich werde grandios scheitern!««

Die Sache richtigstellen
»Na, mal wieder Privatgespräche geführt?« – »Ordnung ist wohl auch nicht Ihre Stärke.«
→ Falsche Angaben über Ihre Person oder Ihre Arbeit dürfen Sie nicht auf sich beruhen lassen, sonst bleibt am Ende noch etwas hängen. Achten Sie darauf, dass Ihr Widerspruch als Information rüberkommt und nicht nach Rechtfertigung klingt. Also statt »Aber ich habe die Akte doch gar nicht in der Hand gehabt«, besser: »Meines Wissens hatte Frau Weinfeld die Akte zuletzt.«

Den Angriff zurückweisen
»Warum tragen Sie nicht mal einen hübschen Rock?« – »Kommen Ihre Kinder denn bei Ihrem Ehrgeiz nicht zu kurz?«
→ Versucht man, Sie mit einer unpassenden Frage oder Bemerkung aus dem Konzept zu bringen, lassen Sie sich auf keine Diskussion ein. Bügeln Sie kurz ab: »Das ist jetzt nicht das Thema.« – »Mein Aussehen tut nichts zur Sache.« – »Über meine Qualitäten als Mutter reden wir hier nicht.«

Absichtlich falsch verstehen
»Ohne dich läuft hier wohl gar nichts.« – »Super, du hast mal wieder alles unter Kontrolle.«
→ Ironischen Bemerkungen brechen Sie die Spitze, indem Sie naiv tun und sie wörtlich nehmen. Ihr Kollege sagt verächtlich: »Das hast du ja mal wieder gut hinge-

kriegt.« Sie strahlen ihn an: »Oh, vielen Dank für das Kompliment.«

Das Thema wechseln
»Der Vatikan ist doch schlimmer als die Mafia.« – »Ihre Vorfahren kommen aus Polen? Na hoffentlich herrschen bei Ihnen nicht polnische Verhältnisse.«

→ Tritt jemand ins Fettnäpfchen, den Sie nicht verärgern möchten oder dem Sie wegen seiner Position nicht direkt contra geben können, wechseln Sie einfach das Thema. »Übrigens, wie geht es Ihrer Tochter?« – »Da fällt mir ein, was ist eigentlich aus dem Projekt XY geworden?«

Den Ball zurückschmettern
»Sie wollen sich doch nur beim Chef einschmeicheln.« – »Sie sind ja vom Ehrgeiz zerfressen.«

→ Schicken Sie dem Absender seine Frechheit als Retourkutsche: »Schließen Sie bitte nicht von sich auf andere.« – »Sie scheinen damit ein Problem zu haben.«

Die Aussage ins Lächerliche ziehen
»Zerbrechen Sie sich darüber mal nicht Ihren hübschen Kopf.« – »Sie haben wohl Ihre Tage?«

→ Jemand nervt Sie mit Anzüglichkeiten oder stellt Sie als Dummchen dar. Statt ernsthaft zu kontern, nehmen Sie ihm mit Humor den Wind aus den Segeln. »Donnerwetter, Sie kennen sich aber mit Frauen aus.« – »Oh, ich wusste gar nicht, dass ich heute Superman treffe.«

Rückfragen stellen
Es gibt eine geniale Erwiderung, die für sämtliche Killerphrasen passt: Stellen Sie einfach eine Rückfrage. Der Vorteil ist, dass Sie dazu weder schlagfertig sein noch lange überlegen müssen. Angenommen, jemand sagt: »Das ist doch Blödsinn!«, dann erkundigen Sie sich: »Was genau fin-

den Sie daran blödsinnig?« Oder Sie zwingen Ihr Gegenüber, seinen Angriff zu erläutern: »Warum sprechen Sie das gerade jetzt an?« Die Erklärung wird ihm mit Sicherheit ziemlich schwerfallen.

Kränkungen klar begegnen

Verbale Entgleisungen wie Killerphrasen oder ungerechte Kritik sind nicht die einzigen Möglichkeiten, uns im Alltag zu verletzen. Auch Verhaltensweisen können kränkend sein: Wir erfahren, dass eine gute Freundin eine rauschende Party gegeben hat – wir waren nicht eingeladen. Bei einem Projekt haben wir engagiert mitgearbeitet, werden aber in der offiziellen Dankesrede nicht erwähnt. Man hat für eine ehrenvolle Aufgabe bei uns angefragt, später heißt es: »Wir haben uns nun doch für jemand anders entschieden.«

Keine Frage, so etwas tut weh. Wir sind dann schnell versucht, uns ins Schneckenhaus zurückzuziehen. Für unser Selbstvertrauen ist das jedoch nicht die optimale Reaktion.

Schließlich muss das, was uns kränkt von der Gegenseite noch keine böse Absicht sein. Konflikte entstehen nun mal überall, wo Menschen Kontakt miteinander haben. Oft prallen unterschiedliche Wahrnehmungen und Einstellungen aufeinander, jemand hat einfach nicht nachgedacht, ihm fehlt Einfühlungsvermögen oder es handelt sich schlicht um ein Missverständnis. Statt uns beleidigt zurückzuziehen, sollten wir den Mut aufbringen, ein klärendes Gespräch zu führen. Mit Selbstvertrauen lässt sich nämlich manche Kränkung auflösen.

- Sagen Sie klar und deutlich, was Sie gekränkt hat. Seien Sie dabei in Ihrer Beschreibung so präzise wie möglich. (»Du bist mir beim letzten Meeting in den Rücken gefallen, obwohl wir uns vorher abgesprochen hatten.« – »Du

hast mich auf der Party einfach stehen lassen und dich nur mit anderen unterhalten.«)
- Teilen Sie mit, was Sie gerne hätten oder was Sie nicht möchten. (»Ich wünsche mir, dass Sie in Zukunft zuerst zu mir kommen, bevor Sie sich beim Chef über mich beschweren.« – »Wenn du demnächst ein Treffen organisierst, dann informiere mich bitte ebenfalls.«)
- Achten Sie auf Ihren Ton und Ihre Stimmlage. Ein scharfer, rechthaberischer, beleidigter, gequälter oder unterwürfiger Ton kommt nicht gut an. (»Was haben Sie sich denn eigentlich dabei gedacht?«)
- Verkneifen Sie sich Angriffe und Abwertungen. (»Ihr Verhalten war einfach stillos.« – »Von dir kann man ja auch nichts anderes erwarten.«)
- Verzichten Sie auf Unterstellungen und Verallgemeinerungen. (»Sie sind ja nur auf meine Position scharf.« – »Dir ist doch völlig egal, wie es mir geht.«)
- Machen Sie keine Vorwürfe. (»Wie können Sie nur so mit anderen Menschen umgehen!«)
- Erkundigen Sie sich, was Sie nach Meinung Ihres Gegenübers zu seinem Verhalten beigetragen haben. (»Gibt es etwas an mir, das dich dazu veranlasst hat?« – »Habe ich Ihnen dazu einen Grund gegeben?«)
- Fragen Sie, welche Lösung sich Ihr Gesprächspartner vorstellt, damit Sie demnächst besser miteinander auskommen. (»Was schlagen Sie vor, damit so etwas demnächst nicht mehr zwischen uns steht?« – »Was meinst du, wie können wir das in Zukunft vermeiden?«)

In vielen Fällen wird mit etwas gutem Willen von beiden Seiten die Kränkung aufgelöst. Doch selbst wenn die Aussprache am Ende nicht ideal verläuft und wir keine Übereinstimmung erzielen, gehen wir trotzdem als Gewinnerinnen vom Platz: Wir haben ausgesprochen, was uns nicht passt, und sind damit wieder Herrin der Lage.

Tit for tat

Wenn wir sicher sind, dass ein Gespräch mit dieser Person nichts bringt, gibt es auch noch eine andere Möglichkeit, einer kleinen Kränkung zu begegnen. Die Engländer haben dafür den hübschen Begriff »Tit for tat«, übersetzt: »Wie du mir, so ich dir.« Die Freundin hat Sie nicht zu ihrer Geburtstagsparty eingeladen? Dann laden Sie sie auch nicht zu Ihrer ein. Ihr Kollege ist Ihnen im Meeting in den Rücken gefallen? Beim nächsten Mal verweigern Sie ihm ebenfalls die Unterstützung.

Ob »Tit for tat« souverän ist, kann man diskutieren. In manchen Fällen sollten wir einfach darüber stehen und nicht Gleiches mit Gleichem vergelten. Damit kann man jemanden unter Umständen noch wirkungsvoller treffen. Wenn Sie die Freundin später trotzdem zu Ihrem eigenen Fest einladen, wird sie vielleicht bereuen, dass sie Sie übergangen hat. »Feurige Kohlen auf dem Haupt sammeln« nannte mein Vater das. Als Pastor zitierte er damit den weisen König Salomon (Sprüche 25,21–22): »Wenn dein Feind hungert, gib ihm zu essen; dürstet ihn, gib ihm zu trinken. Wenn du das tust, so wirst du feurige Kohlen auf sein Haupt sammeln.« Modern ausgedrückt: Er wird sich bei so viel Großherzigkeit für sein falsches Verhalten schämen.

Nun gut, aber man muss sich schließlich auch nicht schlecht behandeln lassen. Wenn Sie verärgert oder verletzt sind, eine offene Aussprache jedoch für sinnlos halten, dann hilft Ihnen »Tit for tat«, wieder Ihre Balance zu finden.

Auf schwere Verletzungen reagieren

Kleine Kränkungen sind vielleicht irgendwann vergessen. Nicht so die großen Verletzungen. Die erzeugen eine seelische Wunde, die oft erst nach langer Zeit verheilt – wenn überhaupt!

- Der Partner verlässt uns Knall auf Fall wegen einer anderen Frau und behauptet noch im Abgang, er habe uns nie wirklich geliebt.
- Im Zuge einer Rationalisierung werden wir von unserer Vorgesetzen nach vielen Jahren engagierter Arbeit nur knapp darüber informiert, dass man uns leider kündigen muss.
- Wir sind vertrauensvoll dem Rat unseres liebenswürdigen Anlageberaters gefolgt und stellen am Ende fest, dass er ein Zocker ist, der unsere Alterssicherung aufs Spiel gesetzt hat.
- Ein Arzt hat uns aus Nachlässigkeit ein irreparables Leiden verursacht und bestreitet, dass es seine Schuld ist.
- Wir werden von Personen getäuscht und betrogen, von denen wir es nie erwartet hätten.

Rache ist süß

Nach Schock, seelischem Schmerz, Depression oder Wut haben wir meist den starken Impuls, für die erlittene Kränkung Vergeltung zu üben. Das kommt nicht von ungefähr, denn Rache ist ein zutiefst menschliches Gefühl. Die Literatur ist seit Jahrhunderten voll von Rachegeschichten: Im Drama des Euripides bringt Medea ihre Nebenbuhlerin und ihre Kinder um, als ihr Mann Jason sie betrügt. Im Nibelungenlied rächt Kriemhild den heimtückischen Tod ihres Gatten Siegfried mit einem grausigen Gemetzel an ihren Brüdern und Hagen von Tronje. Victor Hugos »Graf von Monte Christo« bestraft alle diejenigen, die ihn seinerzeit unschuldig ins Gefängnis gebracht haben.

Rachegelüste haben ihren Sinn. Sie dienen dazu, uns nach einer schweren Verletzung oder Schädigung wieder ins seelische Gleichgewicht zu bringen. Auch wenn das archaische »Auge um Auge – Zahn um Zahn« bei uns kaum mehr ausgeübt wird, sind wir immer noch bestrebt, Gleiches mit Gleichem zu vergelten. Und das oft mit harten Bandagen.

Anonyme Anzeigen beim Finanzamt wegen Steuerhinterziehung. Verbot für ein Elternteil, die Kinder zu sehen. Böser Klatsch zwecks Rufschädigung.

Daneben gibt es noch viele hässliche Möglichkeiten, die vermeintlichen Übeltäter zu triezen. Wer im Internet Tipps für Rache googelt, erhält ein Riesenangebot. Es reicht von »50 Pizzas bestellen« bis »Haarkurpackung mit Enthaarungscreme mischen«. Vieles davon ist juristisch äußerst bedenklich und kann ein schlimmes Nachspiel vor Gericht haben. Doch auch ohne solche Konsequenzen ist Bösartigkeit nicht harmlos – vor allem nicht für uns selbst. Wir setzen damit ein unheilvolles Perpetuum mobile in Gang. Auf unsere Rache folgt ein Gegenangriff und so fort. Erst kürzlich ging die rachegetriebene Schlammschlacht eines englischen Politikerpaares durch die Medien. Am Ende hatten beide Position und guten Ruf verloren und ihnen drohte das Gefängnis. Aktive Ausübung von Rache ist jedenfalls schon aus Eigennutz wenig empfehlenswert.

Rachefantasien

Als Ausweg bieten sich Rachefantasien an. Sie tun scheinbar keinem weh und erfüllen dennoch den Zweck, uns innerlich wieder in die Balance zu bringen. Gegen diese erste Hilfe für das seelische Gleichgewicht ist zunächst nichts einzuwenden. In unseren Tagträumen dürfen wir uns gerne eine Weile austoben. Doch nach einer angemessen Zeit sollten wir unsere Rachefantasien stoppen. Auf die Dauer tun sie nämlich nicht mehr gut, sondern schaden uns.

- Unser Unterbewusstsein macht keinen Unterschied zwischen Fantasie und Wirklichkeit. Es vermerkt Rachegedanken als Schuld. Das wirkt sich generell auf unser Glücksgefühl aus.
- Durch Rachegedanken bleiben wir emotional und mental an der Person hängen, die uns verletzt hat.

- So wie wir an unserem Auto die Bremse betätigen können, lassen sich auch Rachegedanken beherrschen. Sagen Sie innerlich »Stopp« und lenken Sie sich ab, wenn Sie Lust auf den inneren Film »Eine Frau sieht Rot!« bekommen.

»Denn alle Schuld rächt sich auf Erden«

Und wer sagt denn überhaupt, dass wir uns persönlich rächen müssen? Oft reicht es, einfach in Ruhe abzuwarten. So manche(n) können wir im Laufe der Jahre an der eigenen Charakterschwäche oder mangelnden Fähigkeiten scheitern sehen. Ein chinesischer Aphorismus sagt: »Wenn man lange genug am Fluss sitzt, sieht man die Leiche seines Feindes vorbeischwimmen.« Ein brutaler Spruch, aber darin steckt Wahrheit.

Silke, 39, Redakteurin, litt jahrelang unter den Kränkungen einer Ressortleiterin. Deren hauptsächliche Kompetenz bestand darin, mit der Frau des Chefredakteurs eng befreundet zu sein. Vom journalistischen Handwerk verstand sie nicht viel, sie war vormals in der Anzeigenabteilung einer Tageszeitung tätig gewesen. Das kompensierte sie mit Arroganz. So bestellte sie Silke zur Besprechung in ihr Büro ein, ließ sie dann aber an der Türe stehen und begann ein privates Telefongespräch. Wenn Silke ihr einen Artikel vorlegte, der ihr nicht gefiel, bekam sie nur die Anweisung: »Machen Sie das neu.« Fragte Silke, was ihr denn an dem Text nicht passte, erhielt sie zur Antwort: »Das muss ich Ihnen doch nicht sagen, Sie sind schließlich die Redakteurin.« Silke schäumte oft vor Wut, wollte aber ihren guten Job deshalb nicht aufgeben. Als dann die Chefredaktion wechselte, war es aus mit der Protektion. Die Ressortleiterin wurde entlassen. Seitdem hat man in Journalistenkreisen nichts mehr von ihr gehört.

Die Selbstdemontage funktioniert mit Sicherheit. Denn wer andere Menschen kränkt, indem er sie schlecht behandelt, hat meist ein Defizit, das sich früher oder später auf sein eigenes Leben auswirkt:

- Minderwertigkeitsgefühle. Man wertet andere ab, um sich selbst aufzuwerten.
- Inkompetenz. Durch Protektion oder glückliche Zufälle ist man in einer Position gelandet, die man fachlich oder menschlich nicht ausfüllt.
- Egozentrik. Jemand achtet nur auf seinen eigenen Vorteil.
- Berechnung. Freundlich ist man nur zu denjenigen, die einem nützlich sein können.
- Willige Erfüllung von Vorgaben. Um die eigene Position zu stärken, tut man, was einem von oben aufgetragen wird, auch wenn es menschlich fragwürdig ist.

Defizite führen zu einem Verhalten, das sich irgendwann als Bumerang erweist. Zugegeben, oft dauert es eine ganze Weile, bis das passiert. So erleben es manche erst, nachdem sie ihre Macht verloren haben. Wie der cholerische Topmanager, um den es nach seiner Pensionierung sehr einsam geworden ist. Während seiner aktiven Zeit hofierte man ihn, doch nun lädt ihn niemand mehr ein. Oder die biestige Lehrerin, zu der keine ehemalige Schülerin Kontakt pflegt. Neidisch sieht sie, wie ihre liebenswürdige Kollegin immer noch Briefe mit Fotos von dankbaren Exschülerinnen bekommt. Vielleicht ist das ja auch der psychologische Hintergrund des bekannten Bibelwortes: »Mein ist die Rache, spricht der Herr.«

Den Eigenanteil entdecken

Der Gedanke an Rache, in welcher Form auch immer, ist menschlich und verständlich. Vielleicht hilft es uns tatsächlich, wieder ins Gleichgewicht zu kommen, wenn irgendwann der Gerechtigkeit Genüge getan wird. Nur hat das einen großen Nachteil: Es hält uns im Opfer-Status fest. Dabei gibt es fruchtbarere Möglichkeiten, mit einer schweren Kränkung umzugehen: Wir ziehen unsere Aufmerksamkeit von dem Täter oder der Täterin ab. Stattdessen richten wir sie auf uns selbst, indem wir uns fragen: Welchen Anteil habe ich an dem Geschehen? Nicht etwa, um unserer inneren Kritikerin die Chance zu geben, uns mal wieder so richtig fertigzumachen, sondern um daraus zu lernen. Zum Tango gehören nämlich immer zwei. Selten kommt eine Tat wirklich aus heiterem Himmel über uns, meist gibt es einen Vorlauf, der sie möglich gemacht hat. Überprüfen Sie, was Sie eventuell selbst zu dem verletzenden Ereignis beigetragen haben:

- Ich habe die Augen vor Tatsachen verschlossen.
- Ich habe die ersten Anzeichen übersehen.
- Ich habe zu lange an der Situation, der Position oder der Person festgehalten.
- Ich habe nicht auf meine innere Stimme gehört, obwohl sie mich gewarnt hat.
- Ich war autoritätsgläubig.
- Ich habe mich nicht rechtzeitig gewehrt.
- Ich war gierig.
- Ich habe mich nicht gründlich informiert.
- Ich war vertrauensselig.

Den Lerneffekt nutzen

Im Märchen gelingt es der schönen Müllerstochter, Stroh zu Gold zu spinnen. Eine passende Metapher für das, was wir aus unserem Eigenanteil am Geschehen machen können: Er lässt sich für eine positive Entwicklung nutzen. Dazu müssen wir unseren Anteil in eine Absichtserklärung für die Zukunft verwandeln:

- Ich rede mir Personen, Dinge und Situationen nicht schön, sondern sehe der Realität ins Auge.
- Ich trenne mich so bald wie möglich von Menschen und verändere Situationen, die mich unglücklich machen.
- Ich höre auf meine innere Stimme und überprüfe, was sie sagt.
- Ich hinterfrage Autoritäten und hole eine zweite Meinung ein.
- Ich stelle von Anfang an klar, dass ich mich so nicht behandeln lasse.
- Wenn ich spüre, dass ich gierig bin, verhalte ich mich besonders vorsichtig.
- Ich nehme mir immer die Zeit, mich gründlich zu informieren.
- Ich suche mir kompetenten Beistand oder Beratung.
- Ich halte alle Absprachen schriftlich fest.

»Hinterher ist man immer klüger«, sagt das Sprichwort. Hoffentlich! Ob es uns gelingt, aus dem Ereignis einen Gewinn zu ziehen, hängt davon ab, wie konsequent wir die Erkenntnisse beim nächsten Mal umsetzen.

Wenn man es recht betrachtet, könnten wir den Übeltätern eigentlich dankbar sein. Sie haben uns mit ihrer Verletzung den notwendigen Anlass zur Weiterentwicklung gegeben. Mit dieser Sicht der Dinge hätten wir die Kränkung jedenfalls schon ein gutes Stück bewältigt – aber eben noch nicht ganz.

Die Königsdisziplin: Verzeihen

Den Gedanken an eine große Kränkung endgültig loszulassen ist furchtbar schwer. Verdrängen allein reicht nicht, denn sobald wir an die Situation erinnert werden, tauchen die Gefühle mit voller Heftigkeit wieder auf. Das Einzige, was definitiv hilft, ist zu verzeihen. Ich weiß aus eigener Erfahrung, wie mühsam das ist. Von Hause aus bin ich nämlich nachtragend wie ein alter Elefant. Nicht bei Kleinigkeiten, die vergesse ich schnell. Aber mit großen Kränkungen tue auch ich mich schwer. Was in dem Fall hilft, ist kühle Überlegung: Machen Sie sich klar, dass Sie die Einzige sind, die leidet, wenn Sie an Ihren negativen Gefühlen festhalten. Diejenigen, die Sie gekränkt haben, denken mit Sicherheit gar nicht mehr daran. Vermutlich genießen sie fröhlich ihr Leben, während Sie einen bitteren Zug um die Lippen bekommen und das ungute Ereignis wiederkäuen.

Also, probieren wir es mit Verzeihen. Damit kein Missverständnis entsteht: Das ist jetzt kein softes Wohlfühlprogramm auf dem Weg zur Heiligkeit, sondern ein anstrengender, intensiver Prozess. Zuerst sträubt sich garantiert alles in uns dagegen, einem Menschen zu verzeihen, der uns Schlimmes angetan hat. Dieser Widerstand liegt vor allem darin begründet, dass wir »verzeihen« mit »gutheißen« gleichsetzen. Wenn wir jedoch jemandem verzeihen, heißt das nicht, dass wir seine Handlungen rechtfertigen oder ihm freundlich begegnen müssen. Es bedeutet vielmehr, dass wir uns von unserem Gefühl der Wut und der Rache lösen. Damit tun wir nicht dem anderen, sondern uns selbst etwas Gutes.

Nelson Mandela, ehemals Präsident Südafrikas, drückte das so aus: »Du kannst den Täter durch Nicht-Vergeben nicht treffen, aber dein Vergeben kann dich selbst befreien.« Und Nelson Mandela wusste, wovon er sprach. Wegen seiner politischen Aktivitäten hatte ihn das weiße Apartheid-

Regime in Kapstadt zu lebenslanger, grausamer Haft verurteilt. Als der politische und wirtschaftliche Druck auf Südafrika zunahm, wurde Mandela schließlich aus dem Gefängnis entlassen. Man hatte ihm fast dreißig Jahre seines Lebens und seine Gesundheit geraubt. Wer von uns hätte da nicht an flammende Rache gedacht? Trotzdem schaffte Mandela es, seinen Feinden zu verzeihen. Auf diese Weise legte er die Basis für den Wandel von einem menschenverachtenden Regime zu einem demokratischen Rechtsstaat. Allein durch Verzeihen war es möglich, den Teufelskreis von Rache und Vergeltung zu durchbrechen.

Ein Rezept fürs Verzeihen

Nicht immer ist es damit getan, sich zu sagen: »Das ist gut für mich, deshalb versuche ich es jetzt.« Auch Verzeihen will gelernt sein. Der US-Psychologe Everett Worthington hat dazu eine Methode mit vier Schritten entwickelt. Sie wurde in zahlreichen wissenschaftlich anerkannten Studien überprüft, mit erstaunlichem Ergebnis. Wer verzeiht, zeigt deutlich weniger Stress, ist viel optimistischer, fühlt sich ausgeglichen und gesünder – und hat mehr Selbstvertrauen. Und so geht es:

- Überlegen Sie, wo Sie sich selbst einmal falsch verhalten haben, wo Sie etwa jemanden verletzt, vernachlässigt, angegriffen oder verraten haben. Es ist nützlich, sich immer wieder klarzumachen, dass wir alle keine Engel sind und dass jeder von uns auf das Verzeihen des anderen angewiesen ist.
- Schlüpfen Sie in Ihrer Fantasie in die Rolle des Täters oder der Täterin. Versuchen Sie aus diesem Blickwinkel zu verstehen, warum dieser Mensch Ihnen das angetan hat. Denken Sie sich dazu eine plausible Geschichte aus, die er oder sie erzählen könnte. Sie werden staunen, wie viel Ihnen unbewusst über die wahren Motive und Ursa-

chen bereits bekannt ist. Verständnis fördert die Bereitschaft, zu verzeihen, frei nach dem Gebet der Sioux-Indianer: »Oh großer Geist, bewahre mich davor, einen Menschen zu verurteilen, bevor ich nicht eine Meile in seinen Mokassins gegangen bin.«
- Legen Sie sich schriftlich fest. In Worthingtons Selbsthilfegruppen setzen die Teilnehmerinnen ein »Zertifikat der Vergebung« auf, mit dem Text: »Hiermit verzeihe ich XY, was er (sie) mir angetan hat.« Sie können auch einen Verzeihungsbrief an den Täter aufsetzen. Ob Sie ihn abschicken möchten, entscheiden Sie selbst. Durch die schriftliche Form bekommt Ihre Vergebung jedenfalls eine vertragsartige Verbindlichkeit.
- Halten Sie am Verzeihen fest, wenn die Erinnerung und die damit verbundenen Gefühle wiederkehren. Auch in Bezug auf das Vergeben gibt es so etwas wie einen »Flashback«. Jemand drückt das passende Knöpfchen – und schon fallen Sie zurück in Ihre alten Wut- und Rachegefühle. Macht nichts. Hinfallen kann jede, Hauptsache, Sie stehen wieder auf. Wiederholen Sie vor sich selbst, dass Ihre Vergebung endgültig ist.

Sehen wir den Tatsachen ins Auge: Es wird uns im Laufe unseres Lebens immer wieder passieren, dass man uns kränkt und verletzt. Wohl keinem von uns wird es je gelingen, ein so dickes Fell zu bekommen, dass uns das nicht tangiert. Aber wir können den festen Willen entwickeln, unsere Selbstachtung und unser Selbstvertrauen nicht herzugeben und zur Gegenwehr sämtliches Know-how zu benutzen, das wir uns angeeignet haben. Dann wird es uns bestimmt gelingen. Um es symbolisch auszudrücken: Schließlich haben schon Frauen nur mit Entschlossenheit und ihrer Handtasche schwer bewaffnete Räuber in die Flucht geschlagen.

9. Mit Selbstvertrauen Kontakte pflegen

In *Wilhelm Meisters Wanderjahre* von Johann Wolfgang von Goethe findet sich der viel zitierte Spruch: »Sage mir, mit wem du umgehst, und ich sage dir, wer du bist.« Von Eva Wlodarek stammt die Variante: »Sage mir, mit wem du umgehst, und ich sage dir, wie viel Selbstvertrauen du hast.« Natürlich behaupte ich nicht, dass wir für sämtliche Kontakte in unserem Umfeld verantwortlich sind. Unsere Eltern konnten wir uns nicht aussuchen und auch im Job gibt es Menschen, die wir nicht unbedingt gewählt haben. Doch es bleiben trotzdem noch viele übrig, mit denen wir freiwillig Umgang pflegen, Freunde, Bekannte, Verwandte, Nachbarn, manche Kolleginnen und Kollegen, Kunden. Sie zeigen uns wie ein Spiegel, wie viel Selbstachtung und Selbstvertrauen wir haben. Dazu gehört, wie wir zu ihnen stehen und wie sie uns behandeln. Von daher ist die Beschäftigung mit unseren Beziehungen auch immer ein Akt der Selbsterkenntnis. Es lohnt sich also im doppelten Sinne, unser Umfeld zu erforschen. Dann wissen wir, was sich mit Blick auf unser Selbstvertrauen ändern muss – entweder bei uns selbst oder in unserer Umgebung.

Der Beziehungs-Check

Falls Sie sich einen guten Überblick über Ihre Kontakte verschaffen möchten, hilft Ihnen ein Soziogramm. Es zu erstellen dauert höchstens ein paar Minuten und ist ganz einfach. Sie müssen dazu nämlich nicht sämtliche Personen aufführen, die Sie kennen, sondern nur diejenigen, die für Sie von emotionaler Bedeutung sind. Leute wie Ihren Bäcker und die Nachbarin, die Sie bloß grüßen, oder die Cousine, die Sie alle Jubeljahre mal sehen, dürfen Sie weglassen.

- Nehmen Sie ein großes Blatt Papier. Schreiben Sie in die Mitte »Ich« und ziehen Sie darum einen Kreis.
- Zeichnen Sie für jede wichtige Person aus Ihrem privaten und beruflichen Umfeld einen kleinen Kreis – je näher sie Ihnen emotional und räumlich steht, desto näher an Ihrem Kreis.
- Schreiben Sie jeweils die Initialen der Person in deren Kreis.
- Verbinden Sie die kleinen Kreise mit Ihrem eigenen. Am Ende ergibt sich das Bild einer Sonne mit langen und kurzen Strahlen.

Sie sehen nun auf einen Blick, mit wem Sie in Verbindung stehen. Im zweiten Schritt geht es darum, sich anzuschauen, welche Qualität diese Beziehungen haben.

Gute Beziehungen funktionieren nach bestimmten Gesetzmäßigkeiten. In zahlreichen wissenschaftlichen Studien hat man herausgefunden, dass Ähnlichkeit im Lebensstil sowie Wertschätzung zu besonders positiven und haltbaren Verbindungen führt – nun ja, eigentlich liegt das auf der Hand. Gehen Sie deshalb jede dieser Personen, mit denen Sie zu tun haben, nach folgenden Kriterien durch:

- Sie hat die gleichen Werte.
- Sie verfolgt ähnliche Ziele.
- Sie ist zuverlässig.
- Mit ihr können Sie offen sprechen.
- Sie ist nicht neidisch oder eifersüchtig auf Sie.
- Sie hat einen ähnlichen Lebensstil in puncto Freizeit, Geld, Partnerschaft, Familie.

- Sie unterstützt Ihre Pläne.
- Ihre Kritik ist konstruktiv.
- Sie inspiriert Sie.
- Sie geht respektvoll mit Ihnen um.
- Sie hat eine optimistische Lebenseinstellung.
- Geben und Nehmen ist in Ihrer Beziehung ausgeglichen.

Je mehr Aussagen Sie für eine Person bejahen können, desto eher darf man daraus schließen, dass Sie sich den Kontakt mit Selbstvertrauen ausgesucht haben. Sie fühlen sich mit diesem Menschen auf Augenhöhe. Gleichzeitig stärkt er durch sein Verhalten Ihr Selbstvertrauen. Logisch, dass jemand, der Sie wertschätzend behandelt, die Entfaltung Ihrer Persönlichkeit weit mehr unterstützt als jemand, der Ihnen überkritisch und respektlos begegnet.

Gefährliche Paradiesvögel

Allerdings kann es auch sein, dass Sie bewusst einen Menschen in Ihrem Kontakt-Portfolio haben, der fast keine der obigen positiven Kriterien erfüllt. Trotzdem sind Sie gerne mit ihm zusammen, weil er Ihnen etwas Besonderes bietet.

> Vera, 51, Ärztin, hat eine Künstlerin zur Freundin. Irina ist eine Narzisstin, wie sie im Buche steht. Immer muss sie im Mittelpunkt stehen und bewundert werden. Wie es anderen geht, interessiert sie kaum. In der Wahl ihrer Freunde ist sie berechnend und schaut darauf, was sie ihr bieten können. Vera ist klar, dass sie die Beziehung mit Blick auf die Mängel eigentlich beenden müsste, aber sie sagt: »Irina ist eine der interessantesten Frauen, die ich kenne. Sie inspiriert mich.«

Solche Beziehungen sind reizvoll, aber nicht ungefährlich. Für das Schillernde, Anregende, Faszinierende zahlen wir einen Preis in der Währung Selbstvertrauen. Meist verlieren wir in Gegenwart solcher Menschen selbst an Farbe und müssen immer damit rechnen, dass sie uns skrupellos verletzen. Von daher sollte man mit dieser Spezies nicht allzu vertraut werden und sehr darauf achten, im Umgang Grenzen zu setzen.

Beziehungen sortieren

Letztlich bestimmen Sie selbst, ob Sie von einer Beziehung profitieren oder nicht. Intuitiv wissen Sie genau, ob sie Ihnen im Ganzen gesehen eher nutzt oder schadet, ob sie belastend oder fruchtbar ist. So dürfte es Ihnen nicht schwerfallen, für jede Person in Ihrem Soziogramm zu beurteilen, wie positiv oder negativ diese Verbindung insgesamt für Sie ist – und dann daraus die Konsequenzen ziehen:

Hegen und pflegen Sie die förderlichen Beziehungen. Nehmen Sie sie nicht als selbstverständlich. Leider ist es oft so, dass wir alles, was uns wenig Mühe macht, nicht sonderlich schätzen. Offenbar läuft es ja von selbst. Ein Trugschluss, denn auch gute Verbindungen kühlen ab, wenn wir uns nicht darum kümmern. Weiter unten finden Sie gute Tipps, auf was Sie bei schon bestehenden Beziehungen achten sollten.

Von denjenigen, die Ihren Anforderungen gar nicht oder nur dürftig entsprechen, empfehle ich Ihnen, sich zu trennen. Ich weiß, das sagt sich so einfach. Uns auf Harmonie gepolten Frauen fällt es meist schwer, eine unfruchtbare oder gar schädliche Beziehung zu beenden. Schließlich möchten wir niemanden kränken oder verletzen. Aber keine Angst, Sie müssen ja nicht gleich ein dramatisches Trennungsgespräch führen. Versuchen Sie es erst einmal mit einer sanften Methode.

Sich aus unbefriedigenden Beziehungen lösen

Stillschweigend auslaufen lassen
Bisher haben Sie sich immer verpflichtet gefühlt, regelmäßig anzurufen, Sie haben eine Geburtstagskarte oder Grüße aus dem Urlaub geschickt. Verzichten Sie in Zukunft darauf. Wenn Sie einer Beziehung keine neue Nahrung geben, schläft sie meist ein.

Eine passende Ausrede finden
Zugegeben, Notlügen sind nicht besonders fein, aber manchmal geht es nicht ohne. Dann nämlich, wenn die Wahrheit für den anderen verletzend wäre. Wer verträgt es schon, zu hören: »Ich finde dich sterbenslangweilig und habe überhaupt keine Lust, dich zu sehen.« Oder Sie handeln sich mit einer deutlichen Ablehnung eine gefährliche Feindschaft fürs Leben ein. Da ist es manchmal klüger und rücksichtsvoller, eine Ausrede zu finden. Zu viel Arbeit, Urlaubsvorbereitungen, Besuch der Schwiegermutter – irgendwann gibt auch die hartnäckigste Person auf.

Das Treffen kurz halten
Wenn es sich denn gar nicht umgehen lässt, dann opfern Sie wenigstens so wenig Zeit wie möglich. Setzen Sie das Treffen so an, dass Sie eine Stunde später einen festen Termin haben, etwa mit einer Freundin verabredet sind oder zum Arzt müssen. Das ist für den anderen verständlich und zwingt Sie selbst zur Disziplin.

Ein offenes Wort sprechen
Sollten dezente Hinweise absolut nichts nutzen, müssen Sie entweder in den sauren Apfel beißen und die Situation weiterhin akzeptieren – aber genau das wollen Sie ja eigentlich nicht – oder Tacheles reden. Vermeiden Sie Anklagen und

Vorwürfe. Gehen Sie stattdessen von sich und Ihren Gefühlen aus (»Ich fühle mich ausgenutzt, wenn du dich bei mir ausweinst, aber nie Zeit hast, wenn ich dich brauche«). Möglicherweise gibt eine ehrliche Aussprache der Beziehung sogar eine neue Chance. Falls nichts mehr zu retten ist, sagen Sie deutlich: »Es ist mir lieber, wenn wir uns nicht mehr sehen.«

Unbefriedigende Kontakte aufzugeben wirkt im wahrsten Sinne des Wortes erleichternd. Plötzlich haben wir viel mehr Energie und Zeit. Auch unserem Selbstvertrauen bekommt es bestens, weil niemand mehr da ist, der uns herunterzieht. Doch was macht man mit den anstrengenden Beziehungen, die man nicht einfach kappen kann? Etwa mit engen Verwandten oder Kollegen, mit denen zu arbeiten man gezwungen ist? Oft hilft es schon, den Kontakt kurzzuhalten. Also die ewig jammernde Mutter nicht jeden Abend, sondern nur einmal in der Woche anzurufen. Mit der nervigen Kollegin zwar Arbeitsprobleme zu besprechen, aber nicht mit ihr in der Kantine zu essen. Eine weitere Möglichkeit ist es, die äußeren Bedingungen zu den eigenen Gunsten zu ändern. So kann man sich etwa im Job für ein neues Team bewerben oder eine Nachbarin bitten, ab und zu bei den schwierigen Verwandten nach dem Rechten zu sehen, statt es immer selbst zu tun.

Gute Kontakte knüpfen

Glückwunsch, Sie haben sich erfolgreich von unguten Beziehungen getrennt. Und nun? Irgendwie ist da eine Leere, Sie fühlen sich einsam und möchten dringend neue, befriedigende Kontakte aufbauen. Oder Sie haben schon sehr gute Verbindungen, finden aber, es dürften gerne noch mehr sein.

In beiden Fällen ist Ihre Aktivität gefragt. Die interessanten, großzügigen, zuverlässigen, erfolgreichen Menschen, die zu Ihnen passen, laufen da draußen schon herum. Sie müssen sie nur entdecken und für sich gewinnen. Das klingt so einfach, aber aus meinen Seminaren und durch Beobachtung in meiner Umgebung weiß ich, wie schwer das den meisten von uns fällt. Besonders introvertierte Frauen haben Probleme damit, überhaupt den ersten Schritt auf einen unbekannten Menschen zu tun. Andere wiederum zeigen zwar keine Scheu, verhalten sich dabei aber ungeschickt. Wie die Dame, die mich auf einer Party ansprach: »Warum färben Sie sich blonde Strähnchen? Ich finde, wir Frauen sollten genügend Selbstbewusstsein haben, um unsere natürliche Haarfarbe zu behalten.« Das war durchaus als freundliche Anknüpfung gemeint, aber ich hatte keine Lust, mich weiter mit jemandem zu unterhalten, der gleich so dogmatisch auftrat.

Weil es eben doch nicht so einfach ist, ins Gespräch zu kommen, möchte ich an dieser Stelle einen kleinen Kurs in Kontaktaufnahme geben. Mit dem folgenden Know-how gelingt es in jeder Situation, locker auf andere zuzugehen. Möglichkeiten dafür gibt es genug: im Zugabteil. Im Wartezimmer beim Arzt oder Amt. Auf der Party. In der Schlange vor der Supermarktkasse. Beim Betriebsfest. Auf der Hochzeit. Im Fitnessstudio. An der Bushaltestelle.

Die Kunst des souveränen Small Talks

Was immer Sie daran hindert, ein Gespräch anzufangen, lässt sich auf einen Nenner bringen: Angst! Angst, sich lächerlich zu machen, lästig zu sein, aufdringlich zu wirken oder zurückgewiesen zu werden. Entspannen Sie sich und betrachten Sie Small Talk als ein Ping-Pong-Spiel. Mit ein paar freundlichen Sätzen machen Sie die Ballangabe (ping).

Der andere spielt mit seiner Erwiderung den Ball zurück (pong). Dann sind Sie wieder dran. Wie bei jedem Spiel werden Sie garantiert immer besser, je mehr Sie üben.

Leichte Kost servieren
Small Talk zu machen bedeutet, auf *leichte* Weise Kontakt zu knüpfen. Steigen Sie also nicht zu tief ein. Vielleicht kommt Ihnen das oberflächlich vor, aber es macht Sinn: Sie können unverbindlich abchecken, wen Sie vor sich haben, ob Sie auf einer Wellenlänge liegen und ob Sie die Begegnung vertiefen möchten. Dazu eignen sich am besten allgemeine Themen wie Essen, Reisen, Hobbys, Filme, Bücher. Tabu beim ersten Kennenlernen sollte sein: Probleme, Krankheiten, Familiengeschichten, eigene Schwächen, gravierende Fehler, Sex und Geld.

Gemeinsamkeiten finden
Sie müssen sich nicht besonders witzig, tiefsinnig oder hochintelligent äußern. Das schreckt sogar eher ab, weil Sie damit den anderen unter Druck setzen, ebenso brillant zu kontern. Wichtig ist, dass Sie überhaupt ein Thema finden. Falls Sie nichts vom anderen wissen, sprechen Sie etwas an, das Sie gerade miteinander teilen: den Ort (»Die Blumendekoration ist wirklich schön, finden Sie nicht auch?«) oder den Anlass (»Ich finde den Vortrag sehr interessant«). Etwas, das Sie immer mit anderen teilen, ist das Wetter. Haben Sie keine Angst vor Banalitäten! Nach dem Einstieg können Sie immer noch beweisen, was Sie alles draufhaben.

Richtig fragen
Mit dem Spruch »Sei nicht so neugierig« hat man Ihnen wahrscheinlich schon als Kind abgewöhnt, persönliche Fragen zu stellen. Leider war das der falsche Tipp. Fragen zeigen nämlich, dass Sie an Ihrem Gesprächspartner interessiert sind. Regen Sie Ihr Gegenüber an, ausführlich über

sich selbst zu sprechen. Am besten eignen sich dazu »offene« Fragen. Das sind solche, die mit mehr als einem Wort oder Satz beantwortet werden müssen. Sie führen dazu, dass der andere etwas länger erklärt oder beschreibt. Offene Fragen beginnen wie in der Sesamstraße mit »Wieso?«, »Weshalb?«, »Warum?«. Auch: »Wie finden Sie eigentlich …?«, »Wie kommt es, dass …?«, »Was halten Sie denn von …?« Mit offenen Fragen können Sie ein Gespräch beginnen und in Gang halten.

Aktiv zuhören

Im Grunde seines Herzens findet sich jeder Mensch am wichtigsten und redet gern über sich. Wenn Sie dafür ein gutes Klima schaffen, gewinnen Sie mehr Sympathiepunkte als bei der besten Selbstdarstellung.

Richten Sie Ihre Aufmerksamkeit voll auf Ihren Gesprächspartner. Vermeiden Sie es, während des Gespräches die Augen schweifen zu lassen. Halten Sie Blickkontakt und spiegeln Sie mit Ihrer Mimik wider, dass Sie genau zuhören, etwa indem Sie lächeln, an den richtigen Stellen begeistert oder erstaunt wirken und bestätigend nicken. Fördern Sie den Redefluss Ihres Gegenübers, indem Sie mit einem »Hm« Verständnis signalisieren oder zu bestimmten Punkten interessiert nachfragen (»Welche Schuhe tragen Sie denn beim Walking?«).

Indem Sie sich auf den anderen konzentrieren, überträgt er auf Sie unbewusst sämtliche positive Eigenschaften wie Charme, Intelligenz und Persönlichkeit.

Komplimente machen

Jede(r) hört gern etwas Nettes über sich. Allerdings muss das Kompliment ehrlich sein, sonst spürt man die Absicht und ist verstimmt. Suchen Sie sich als Start zum Gespräch etwas heraus, das Sie am anderen wirklich bewundern. Kleidung, Frisur, ein Schmuckstück, eine Leistung. Sprechen Sie das offen an. Etwa so: »Ich bewundere schon die ganze Zeit Ihren schönen Ring.« Oder: »Ich habe gehört, Sie haben das XY-Projekt fertiggestellt. Gratuliere, das finde ich sehr beachtlich.« Oft animiert Ihr Lob den anderen dazu, sich weiter mit Ihnen zu unterhalten: »Ja, den Ring habe ich von meiner Großmutter ...« Oder: »Wissen Sie, das war gar nicht so einfach, den Job gut zu machen ...«

Positiv sprechen
Natürlich können Sie ein Gespräch auch so anfangen: »Scheußliches Wetter heute!«, »Die Bahn kommt aber auch nie pünktlich.« Vermutlich wird man Ihnen zustimmen und ein paar Sätze mit Ihnen wechseln. Allerdings macht das wenig Lust, sich weiter mit Ihnen zu unterhalten, denn Ihr negativer Einstieg outet Sie als Miesepeter. Äußern Sie sich möglichst optimistisch, gewinnen Sie allem eine positive Seite ab (»Bei dem Regen ist es drinnen richtig gemütlich«). Mit einem inspirierenden, aufmunternden Menschen unterhält man sich gern.

Unterstützung anbieten
Schauen Sie sich um, wo Sie ganz praktisch Kontakt knüpfen können. Etwa so: Sie haben am Buffet gerade die Weinflasche oder Kaffeekanne in der Hand und sehen, dass sich neben Ihnen auch jemand bedienen möchte. Bieten Sie freundlich lächelnd an: »Darf ich Ihnen auch einen Schluck einschenken?« Fügen Sie ein paar persönliche Worte hinzu: »Ich schätze so einen frischen Weißwein.« Oder: »Einen Kaffee kann man jetzt wirklich gut vertragen.«

Sie können auch gezielt jemanden ansprechen: »Ihr Glas sieht so leer aus. Ich hole mir gerade einen Saft. Soll ich Ihnen auch einen mitbringen?« Oder: »Sie stehen hier so ungemütlich. Kann ich Ihnen einen Stuhl besorgen?« Höfliche Aufmerksamkeit kommt gut an und führt meist weiter.

Um Hilfe bitten
Untersuchungen haben ergeben, dass wir die Menschen besonders sympathisch finden, denen wir helfen. Der Grund dafür liegt auf der Hand: Sie geben uns die Möglichkeit, unsere Schokoladenseite zu zeigen. Machen Sie sich diesen Effekt zunutze. Lassen Sie sich etwas erklären, das Sie (angeblich) nicht verstanden haben. Sie können auch um bestimmte Informationen oder Auskünfte bitten: »Sagen Sie, wo bekommt man eigentlich solche praktischen Taschen?«, »Verraten Sie mir, wie man diesen köstlichen Cocktail mixt?«

Ablehnung nicht persönlich nehmen
Die meisten Menschen sind Ihnen dankbar, wenn Sie das Schweigen brechen, und gehen gerne auf ein Gespräch ein. Leider gibt es aber auch einige muffelige, arrogante, einsilbige und uninteressierte Zeitgenossen. Lassen Sie sich davon nicht verunsichern. Anstatt gekränkt zu sein oder sich abgelehnt zu fühlen, sagen Sie sich: »Das ist sein (ihr) Problem, nicht meins.« Oder: »Schade, leider unerzogen.« Bemühen Sie sich in dem Fall nicht länger um Kontakt. Wechseln Sie lieber zu Gesprächspartnern, die Sie zu schätzen wissen.

Verbundenheit herstellen

Es hat funktioniert! Sie haben den Kontakt geknüpft, man findet sich gegenseitig sympathisch und möchte die Bekanntschaft fortsetzen.

Sie freuen sich schon darauf, dass man Sie demnächst einlädt oder zu interessanten Unternehmungen mitnimmt, um die Verbindung zu festigen. Verständlich, aber leider ist das der falsche Ansatz. Wenn Sie nur darauf warten, dass man Ihnen etwas bietet, dann ist das zarte Pflänzchen der neuen Beziehung bald verkümmert. Jetzt sind *Sie* erst einmal dran. Die Management-Trainerinnen Dorothea Assig und Dorothee Echter nennen die Aufgabe, die nun ansteht, »Verbundenheit herstellen«. Es geht darum, aus einem losen Kontakt eine tiefere Beziehung zu entwickeln. Damit das gelingt, ist es notwendig, eine ganz bestimmte Haltung zu zeigen. Deren Hauptschlüssel sind

- Großzügigkeit,
- Dankbarkeit,
- Offenheit.

Großzügigkeit

Der erste Schlüssel zu einer guten Verbindung ist Großzügigkeit. Meist denken wir dabei an Geld oder Geschenke, doch dazu gehört noch weitaus mehr. Es bedeutet, reichlich und von Herzen zu geben – und das bezieht sich keineswegs nur auf materielle Dinge. Es gibt viel Wertvolles, das wir schenken können, auch wenn wir uns finanziell einschränken müssen.

- **Anerkennung geben.** Jeder Mensch möchte gesehen und gewürdigt werden. Finden Sie heraus, was Ihr Gegenüber besonders gut kann, und loben Sie es. Erkunden Sie, worauf er oder sie besonders stolz ist, etwa die wohlgeratenen Kinder, der gepflegte Garten oder der Kunstverstand. Das können Sie dann anerkennend hervorheben. Drücken Sie auch gerne Ihre spontane Bewunderung aus: »Das hast du toll hingekriegt«, »Dein Armband ist wunderschön.« Wir fürchten oft, das würde uns als Schmeichelei ausgelegt. Doch keine Sorge, ein ehrliches Kompliment kommt immer richtig an.

- **Aufmerksamkeit schenken.** Schicken Sie eine Glückwunsch-Mail oder noch besser eine Karte zu einem besonderen Ereignis. Rufen Sie regelmäßig an, auch ohne bestimmten Grund, einfach um sich zu erkundigen, wie es dem anderen geht. Achten Sie bei einem Treffen auf die Körpersprache, die Stimme oder kleine Andeutungen ihres Gegenübers. Das gibt Ihnen Anhaltspunkte, um genauer nachzufragen.
- **Eine Freude machen.** Wenn Sie beim Shoppen eine Kleinigkeit sehen, die besonders gut zu der Person passt, nehmen Sie es mit, zum Beispiel ein Fläschchen Nagellack oder ein Gewürz für die asiatische Küche. Das kostet nicht viel und bringt deshalb niemanden in Zugzwang. Beim nächsten Treffen überreichen Sie dann das Mitbringsel. Kleiner Aufwand – große Wirkung.
- **Wissen teilen.** Wenn Sie zufällig auf etwas stoßen, von dem Sie vermuten, dass es denjenigen interessiert, informieren Sie ihn darüber. Etwa indem Sie ihm mit besten Grüßen einen Zeitungsartikel schicken oder eine aktuelle Nachricht senden (»Auf Arte kommt heute Abend ein Film über Serge Gainsbourg«). Geben Sie Empfehlungen weiter, von Ihrem Frisör, der hervorragend schneidet, bis hin zu Ihrem zuverlässigen Steuerberater.
- **Einladen.** Perfektionistinnen scheuen sich davor, andere zu sich nach Hause einzuladen. Für sie ist der Aufwand auch tatsächlich enorm. Die Wohnung soll glänzen, das Menü Gourmet-Ansprüchen genügen, die Dekoration besonders sein. Das ist anstrengend und meist teuer. Muss aber gar nicht sein. In unserem reichen Land trifft man sich selten, um sich satt zu essen, es geht vielmehr um zwanglose Geselligkeit. Falls Sie keine begnadete Köchin sind, probieren Sie ein paar leckere, einfache Gerichte aus, die Sie ohne Stress servieren können. Oder machen Sie es wie die Franzosen, laden Sie neue Freunde ins Restaurant ein.

- **Unterstützen.** Jeder hat mal einen Durchhänger, steckt in einer Krise oder braucht praktische Hilfe. Nichts verbindet mehr, als wenn Sie jemandem in der Not zur Seite stehen. Widmen Sie ihm Zeit, ein offenes Ohr und konkrete Unterstützung, etwa bei einem Umzug. Gerade nach solchen Aktionen hört man häufig: »Jetzt weiß ich, wer meine wahren Freunde sind.«

Großzügigkeit ist ohne Frage einer der drei Hauptschlüssel zu einer guten Verbindung. Das heißt jedoch nicht, dass wir unsere Wohltaten ohne Nachdenken verteilen sollen. Gerade wir Frauen, wohnhaft in der Beziehungswelt, neigen dazu, uns dabei selbst aus dem Blick zu verlieren. Damit Sie mit Selbstvertrauen geben, ohne sich zu verausgaben oder am Ende enttäuscht zu sein, sollten Sie auch die folgenden Hinweise beachten.

- **Prüfen, ob man wirklich will.** Wir besitzen ein gut funktionierendes Kontrollsystem, das uns mitteilt, ob großzügige Unterstützung angesagt ist: unsere Gefühle. Über sie finden wir schnell heraus, wie stimmig es tatsächlich für uns ist, zu helfen. Fragen Sie sich: Was empfinde ich? Ist mir das lästig? Bin ich genervt? Überfordert? Stört es massiv meine Pläne? Fühle ich mich ausgenutzt? Dann sollten Sie den Mut zum Nein finden.
- Allerdings gibt es Ausnahmen: Oft sind wir bereit, unangenehme Dinge auf uns zu nehmen, weil wir die Person lieben oder schätzen. In diesem Fall machen Sie Ihre Unterstützung dem anderen bewusst zum Geschenk. Darauf dürfen Sie auch gerne hinweisen: »Ich habe eigentlich keine Zeit, aber ich fahre dich jetzt zum Flughafen, weil du mir am Herzen liegst.«
- **Ohne Berechnung geben.** »Do ut des – Ich gebe, damit du mir gibst«, sagten die alten Römer. Mal ehrlich, ein bisschen haben wir das schon im Hinterkopf: Wenn ich

mir jetzt geduldig den Ärger mit ihrem Freund anhöre, dann hilft sie mir demnächst, wenn es bei mir im Job brennt. Oder: Wenn ich im Urlaub ihre Katze versorge, dann kriege ich vielleicht in ihrer Boutique Rabatt. Falls Sie nicht bekommen, was Sie heimlich erhoffen, sind Sie enttäuscht. Spekulieren Sie also lieber nicht darauf, dass auf Ihr Geben auch eine Belohnung folgt. Wenn Sie jemanden unterstützen, tun Sie es aus Großzügigkeit, nicht aus Berechnung. Auf diese Weise bewahren Sie sich Ihre innere Freiheit.

- **Nur tun, was man gut kann.** Als treue Freundin, loyale Kollegin oder liebevolle Tochter stellen wir oft den Anspruch an uns, für Hilfe jeder Art zur Verfügung zu stehen. Tatsache ist jedoch, dass wir unsere besonderen Stärken und Schwächen haben. Es macht wenig Sinn, für eine Freundin Umzugskisten zu schleppen, wenn Sie es am Rücken haben, oder die Kollegin in das neue Computerprogramm einzuweisen, wenn Sie schlecht erklären können. Bevor Sie Ihre Unterstützung zusagen, überlegen Sie, ob die Aufgabe für Sie wirklich passend ist. Erläutern Sie andernfalls, warum Sie das nicht machen möchten und wofür Sie stattdessen gerne zur Verfügung stehen.
- **Nicht in jedem Fall die Feuerwehr spielen.** Eilen Sie bei SOS-Rufen nicht automatisch selbst zur Rettung. Machen Sie sich bitte klar: Sie sind nicht die Einzige auf der Welt, die helfen kann – und oft nicht einmal diejenige, die dazu am besten geeignet ist. Verweisen Sie ruhig auf Fachleute wie Coaches, Psychotherapeutinnen, Möbelpacker und Taxifahrer. Damit tun Sie dem anderen sogar etwas Gutes, weil Sie seine Eigenständigkeit fördern.
- **Aufs Gleichgewicht achten.** Wenn die Beziehung schon eine Zeit lang besteht, dann gilt auch in puncto Geben das Ping-Pong-Prinzip: Nach einer Weile muss Ähnliches zurückkommen, sonst fühlen wir uns ausgenutzt und die Beziehung gerät in eine Schieflage. Bevor wir dann je-

doch die Verbindung aus Frust abbrechen, sollten wir ihr noch eine Chance geben: Fordern Sie deutlich eine Gegenleistung ein. Manche Menschen sind einfach ein bisschen unsensibel. Ihnen fehlt das Gespür dafür, dass sie auch mal etwas zurückgeben müssen. In solchen Fällen hilft ein klares Wort. Statt sich gekränkt zurückzuziehen oder sich im Stillen über den Egoismus aufzuregen, reden Sie Klartext. Etwa: »Ich habe immer ein offenes Ohr für dich, aber als ich dir neulich von meinem Ärger im Job erzählen wollte, hast du einfach das Thema gewechselt.« Oder Sie handeln von Anfang an klare Bedingungen aus. »Okay, ich helfe dir bei der Steuererklärung. Aber dafür möchte ich, dass du mit mir zum Baumarkt fährst.«

Dankbarkeit

Der zweite Schlüssel zu einer guten Verbindung ist Dankbarkeit. Klar, wir bedanken uns für eine Einladung oder ein Geschenk, das erfordert schon die Höflichkeit. Aber Dankbarkeit geht noch viel weiter: Wann immer wir etwas von jemandem erhalten, sollten wir uns dankbar zeigen. Tatsächlich gibt es vieles, das wir annehmen, ohne es besonders zu erwähnen. Überlegen Sie selbst, was Sie allein in den vergangenen Tagen von anderen Menschen erhalten haben. Vielleicht hilft Ihnen dabei diese kleine Tabelle:

- Ermutigende Worte.
- Ein inspirierendes Gespräch.
- Ein Buchtipp.
- Eine Leihgabe.
- Ein Koch- oder Backrezept, das sich als besonders lecker erweist.
- Eine gute Adresse.
- Eine Vermittlung (»Sie können sich gerne auf mich berufen«).
- Technische Hilfe, z.B. am Computer.

- Begleitung beim Kauf von Kleidung oder Möbeln.
- Eine Karte, ein Brief oder eine Mail mit einem Gruß oder Lebenszeichen.
- Eine schnelle und umfassende Antwort auf eine Anfrage.
- Annahme eines Pakets.

Natürlich müssen Sie nicht für jede Gefälligkeit mit Blumen vor der Türe stehen. Es geht vielmehr darum, die Zuwendung des anderen deutlich wertzuschätzen. Leider ist das nicht selbstverständlich.

Zäumen wir das Pferd doch einmal von hinten auf und machen uns zunächst die drei ärgsten Fauxpas des Dankes bewusst.

- **Huldvoll entgegennehmen.** Manche Menschen gehen davon aus, dass ihnen Zuwendung einfach zusteht. Irrtum! Was immer man uns freiwillig gibt, ist ein persönliches Geschenk und sollte auch entsprechend gewürdigt werden. Es als etwas Selbstverständliches zu betrachten ist arrogant und überheblich – und damit nicht gerade die beste Voraussetzung für gute Kontakte. Mir ist dazu ein Beispiel lebhaft in Erinnerung: Ein bis dato unbekannter Autor schaffte es mit einem Ratgeber auf die Bestsellerlisten. Sein Buch gefiel mir sehr. Weil ich es schreibenden Kolleginnen und Kollegen gerne mitteile, wenn ich von ihrem Werk begeistert bin, beschloss ich spontan, diesem Mann als Dankeschön für seine inspirierenden Ausführungen eine Freude zu bereiten. Ich besorgte also ein besonderes Buch zu seinem Thema, von dem ich annahm, dass es ihn interessieren würde. Verpackte es nett und schickte es mit ein paar freundlichen Zeilen an seine Adresse. Ich staunte nicht schlecht, als ich einige Zeit später das Antwortschreiben bekam. Seine Sekretärin richtete mir aus, Herr X habe meine Gabe wohlwollend entgegengenommen. Er würde vermutlich demnächst im

Urlaub mal hineinschauen. Geht's noch? Der Mann sank augenblicklich in meiner Achtung. Übrigens, sein zweites Buch floppte. Und dann hat man nie wieder etwas von ihm gehört. Ob es da wohl einen Zusammenhang gibt?
- **Ignorieren.** Genauso schlimm ist es, eine Zuwendung zu ignorieren. Das gilt nicht nur für die Nichte, die den Brief ihrer Tante überfliegt und den einliegenden Geldschein einsteckt, ohne sich zu melden. Es betrifft ebenso diejenigen, denen man eine gute Adresse vermittelt hat, etwa einen Praktikumsplatz fürs Kind oder einen Facharzt – und das war's dann. Später hört man höchstens zufällig, dass es hervorragend geklappt hat. Oder die Nachbarin, die immer Pakete annimmt und vor unsere Türe stellt. Nett, aber dafür klingeln wir doch nicht extra bei ihr. Vielleicht sehen wir sie ja irgendwann im Treppenhaus.
- **Zu sparsam danken.** Zuwendung und Dank müssen in Relation zueinander stehen. Geizig zu reagieren schafft keine gute Verbindung. Wie zum Beispiel in Melanies Fall. Eine Freundin von ihr wohnt draußen auf dem Land. Eine Zeit lang musste sie einmal in der Woche zu einer medizinischen Behandlung nach Hamburg. Melanie bot ihr an, sie könnte jeweils an dem Tag bei ihr im Gästezimmer übernachten. Natürlich sorgte sie als Gastgeberin dann auch für ein nettes Abendessen und stellte einen guten Wein auf den Tisch. Nach drei Monaten war die Behandlung der Freundin abgeschlossen. Zum Dank brachte sie Melanie zum letzten Treffen eine kleine Topfpflanze vom Discounter mit.

Und wie bedankt man sich richtig? Am sichersten ist es, eine dankbare Grundhaltung zu entwickeln. Das bedeutet, anzuerkennen, dass wir keine Insel sind, sondern mit anderen verbunden. Und dass wir täglich eine Menge Unterstützung erhalten, die wir nur wahrnehmen müssen. Mit dieser inneren Einstellung fällt es uns leicht zu schätzen, was man uns materiell oder immateriell gibt, und das auch auszudrücken. Als Faustregel gilt: Man kann sich gar nicht zu viel bedanken. Darüber freut sich jede(r), es ist wie eine liebevolle Umarmung. Ganz praktisch geht es so:

- **Machen Sie sich eine Liste,** auf der Sie notieren, bei wem Sie sich bedanken möchten. Wir haben viel im Kopf, da vergisst man leicht, wofür man sich eigentlich bedanken wollte – und irgendwann ist es zu spät.
- **Geben Sie ein begeistertes oder beglücktes Feedback.** Etwa indem Sie sagen: »Deine Ermutigung neulich hat mir sehr gutgetan. Ich war danach wieder viel zuversichtlicher.« – »Dein Buchtipp war goldrichtig. Ich habe den Roman förmlich verschlungen.«
- **Drücken Sie Ihren Dank schriftlich aus.** Schreiben Sie eine Mail oder – persönlicher – einen Brief, in dem Sie mitteilen, was die Zuwendung Ihnen bedeutet hat.
- **Erweisen Sie Ihren Dank auch materiell,** wenn die Unterstützung eine größere Bedeutung hatte, in Form eines Blumenstraußes, einer Flasche Champagner, einer Einladung zum Essen. Oder individueller mit einem Geschenk, das die Interessen des anderen trifft, wie eine Karte für das Konzert des Lieblingssängers oder ein vergriffenes Buch, das Sie im Antiquariat aufgestöbert haben.

Offenheit

Der dritte Schlüssel für eine gute Verbindung ist Offenheit. Unter »Offenheit« in diesem Sinne verstehen wir, dass wir unserer Umgebung etwas über unsere Erlebnisse, Erfahrungen, Gedanken und Gefühle mitteilen. Bildlich gesehen machen wir eine innere Tür auf und laden andere ein, näherzutreten.

Was Offenheit bewirkt, zeigt sich besonders deutlich, wenn wir sie mit konträrem Verhalten vergleichen. Das Gegenteil von »offen« ist »verschlossen«. Verschlossene Menschen äußern sich allenfalls sachlich oder auf ihre Tätigkeit bezogen und geben wenig von sich preis. Dass sie ihre innere Tür abschließen, kann verschiedene Ursachen haben: Schüchternheit, schlechte Erfahrungen oder die Annahme, komplette Zurückhaltung in persönlichen Dingen sei professionell. Diesen Gründen ist gemeinsam, dass das Selbstvertrauen fehlt, um sich als Person mit Stärken und Schwächen zu zeigen. Damit bieten verschlossene Menschen eine Projektionsfläche. Man kann ihnen beliebig zuschreiben, was man für richtig hält. Besonders häufig werden verschlossene Frauen als arrogant angesehen: »Der bin ich offenbar nicht gut genug«, »Die hält sich wohl für etwas Besseres.« Außerdem wirkt die Zurückhaltung in persönlichen Dingen irritierend. Man weiß nie so recht, woran man mit derjenigen ist. Es liegt auf der Hand, dass dieser Effekt für einen guten Kontakt wenig förderlich ist.

Offenheit dagegen bewirkt, dass wir vergleichen können. Im positiven Fall entdecken wir: Dieser Mensch ist mir ähnlich, hat dieselben Interessen, Werte, Vorlieben, Ziele. Und wie wir ja wissen, bringt Ähnlichkeit die größte Sympathie. Darüber hinaus macht Offenheit sichtbar und lässt damit wenig Spielraum für Projektionen. Wenn jemand sagt: »Heute habe ich schlimme Kopfschmerzen«, anstatt nur stumm die Zähne zusammenzubeißen, wird ihm niemand Arroganz unterstellen, schließlich weiß man ja, warum er schweigsam ist. Bei einem offenen Menschen wissen wir, woran wir sind. Das schafft Verbundenheit und Vertrauen. Von daher ist Offenheit unerlässlich für gute Kontakte, auch für berufliche.

Also: immer schön alles sagen, was man denkt oder fühlt und freimütig erzählen, was man so alles erlebt hat? Auf keinen Fall. Während wir mit Großzügigkeit und Dankbarkeit kaum etwas falsch machen können, ist es mit der Offenheit weniger eindeutig. Hier gilt es unbedingt, das richtige

Maß zu finden. Kürzlich las ich auf einer Karte den passenden Spruch: »Wer immer offen ist, ist nicht ganz dicht!« Tatsächlich kann zu große Offenheit gefährlich werden. Wir können uns um Kopf und Kragen reden und unser Image ruinieren.

Um das richtige Maß an Offenheit zu finden, ist es wichtig, die Zonen der Offenheit zu beachten. Sie erinnern sich? In der Proxemik werden die Abstände zwischen Individuen in Distanzzonen eingeteilt. Diese eigentlich auf körperliche Nähe bezogenen Zonen lassen sich auch auf den Grad unserer Offenheit übertragen. Je emotional näher und vertrauter uns ein Mensch ist, desto mehr darf er von uns wissen. Je weiter er in diesem Sinne von uns entfernt ist, desto mehr müssen wir auswählen, was wir ihm von uns persönlich zeigen. Bevor Sie also losplaudern, halten Sie kurz inne und fragen Sie sich: Wem erzähle ich was und wie viel auf welche Art und Weise? Für unsere Zwecke sind dazu drei Zonen von Bedeutung:

- Die **Intimzone der Offenheit** ist Menschen vorbehalten, mit denen ein enger emotionaler Kontakt besteht, wie Kinder, Partner oder die beste Freundin. Hier darf man sich auch über Tabu-Themen austauschen, über Sexualität, ganz persönliche Schwächen, Herzenswünsche, Gefühle, Träume, finanzielle Probleme – was immer uns beschäftigt.
- In der **Privatzone der Offenheit** reden wir mit Freunden und guten Bekannten. Hier kann man ein ehrliches Wort sprechen. Wenn man sich schon eine Weile kennt, dürfen dabei auch persönliche Themen wie Geld oder Gesundheit berührt werden. Aber ohne dabei zu intim zu werden oder zu sehr ins Detail zu gehen.
- In der **Sozialzone der Offenheit** haben wir mit Menschen Kontakt, die uns nicht so nahestehen, zum Beispiel mit Nachbarn und losen Bekannten. Dazu gehören auch

Kollegen, Kolleginnen und andere berufliche Beziehungen. Selbst wenn wir diese menschlich sehr schätzen und vielleicht sogar privat treffen, sollten wir mit negativen Aspekten aus unserem Leben nicht zu offen sein. Also keine gravierenden Schwächen, schwere gesundheitliche oder psychische Probleme, familiäre Schwierigkeiten oder Schulden offenbaren. Das könnte sonst irgendwann gegen uns verwendet werden oder zu Klatsch führen.

Die Herzen gewinnen

Wenn Sie die drei Schlüssel Großzügigkeit, Dankbarkeit und Offenheit regelmäßig anwenden, werden Sie mit der Zeit zur Kontakt-Virtuosin. Man wird gerne mit Ihnen zusammen sein. Es gibt dazu aber auch eine Abkürzung. Sie führt über Ihre innere Einstellung: Lieben Sie sich, haben Sie Vertrauen zu sich selbst. Machen Sie sich bewusst, dass Sie ein Gewinn für andere sind. Schätzen Sie möglichst alle Menschen, mit denen Sie zu tun haben. Schauen Sie nicht auf ihre Schwächen, sondern auf ihre Stärken. Das wird man Ihnen anmerken. Glauben Sie mir, es gibt nichts Anziehenderes als einen Menschen, der Liebe ausstrahlt.

10. Kleidung und Stil für das Selbstvertrauen

Langsam öffnet sich der Vorhang. Auf der Bühne: Sie! In dem einmaligen Theaterstück mit dem Titel »Meine Wirkung« spielen Sie die Hauptrolle. Sie möchten Ihr Publikum von sich überzeugen, wünschen sich lang anhaltenden, begeisterten Applaus? Den werden Sie mit Sicherheit bekommen – wenn Sie sich gut vorbereiten. Winken Sie bitte nicht gleich ab, nach dem Motto: »Ich weiß schon, wie ich zu spielen habe. Schließlich mache ich das seit Jahren.« Selbst professionelle, bestens ausgebildete Schauspieler wissen, dass sie ihren Auftritt immer noch verfeinern können, und belegen Seminare im berühmten *Actor's Studio* in New York. Sie müssen sich nicht dort einschreiben, um der Star auf Ihrer privaten und beruflichen Bühne zu sein. Es reicht, wenn Sie zunächst einmal die zwei wichtigsten Kurse besuchen:

- Mit Kleidung wirken
- Öffentlich reden

Um den zweiten Punkt kümmern wir uns im nächsten Kapitel. Nun soll es erst einmal um Ihre äußere Erscheinung gehen. Schauen Sie, ob und wie Sie Ihre Performance in diesem Bereich noch verbessern können, damit man Sie bei Ihren Auftritten genau so wahrnimmt, wie Sie gesehen werden möchten.

Der erste Eindruck

Für den ersten Eindruck gibt es keine zweite Chance, diesen Spruch kennen Sie ja. Tatsächlich stimmt er in den meisten Fällen. Hat man uns in eine Schublade gesteckt, kommen wir da nicht so schnell wieder heraus. Außerdem gönnt man uns selten genügend Zeit, um einen verpfuschten Eindruck zu korrigieren. Das ist ungerecht? Keineswegs, schließlich haben wir damit auch die Chance, auf Anhieb zu gewinnen.

Das Erste, was man von uns wahrnimmt, ist unser Äußeres, speziell die Kleidung. Von dem österreichischen Kommunikationswissenschaftler Paul Watzlawick stammt das bekannte Axiom: »Man kann nicht nicht kommunizieren.« Das gilt auch für Kleidung. Wir können nicht keine Aussage durch unser Outfit machen. Selbst wer sich blind etwas aus dem Schrank greift, gibt damit ein Statement ab: »Mein Äußeres ist mir völlig egal.« Jede Kleidung, die wir frei wählen können, ist Ausdruck unserer Persönlichkeit. Sie verrät, wie wir uns selbst sehen, zu welcher sozialen Gruppe wir gehören (möchten) und wie wir uns aktuell fühlen. Deshalb ist es unerlässlich, dass wir unsere Kleiderwahl nicht dem Zufall überlassen, sondern uns Gedanken darüber machen.

Ich werde Ihnen gewiss nicht im Detail vorschreiben, wie Sie sich kleiden sollen, nach dem Motto: »Über dreißig bitte keine Ringelsöckchen.« Falls Sie dazu Rat brauchen, gibt es inzwischen in fast jeder Frauenzeitschrift seitenlange Fotostrecken, unterteilt nach Anlass und Alter, ebenso bieten Stylistinnen ihre professionelle Beratung an. Stattdessen möchte ich Ihnen einen Generalschlüssel in Ihr psychologisches Handwerkskofferchen legen, der Ihnen hilft, in puncto Kleidung jederzeit genau so zu wirken, wie Sie möchten.

Wer bin ich?

Wenn wir Kleidung nicht nur als nützliches Mittel zum Bedecken unserer Blöße betrachten, sondern als Selbstausdruck, dann steht logischerweise am Anfang die Frage: Wer bin ich?

Das müssen wir keineswegs philosophisch abhandeln. Falls Ihnen nicht ohnehin schon bewusst ist, was Ihre Persönlichkeit ausmacht, können Sie mit den folgenden Übungen kreativ auf den Punkt bringen, welche Eigenschaften für Sie besonders kennzeichnend sind.

Finden Sie ein Pseudonym

Angenommen, Sie möchten mit einer sympathischen Person im Internet Kontakt aufnehmen, dabei aber nicht Ihre wahre Identität preisgeben. Deshalb suchen Sie ein Pseudonym, das zu Ihnen passt. Beispielsweise: »Die zarte Rose«, »Powerfrau«, »Die Piratin«, »Pretty Woman«, »Wild at Heart«, »Cowgirl«, »Sonnenschein«, »The Lady is a Tramp«, »Prinzessin«, »Fee Tinkerbell«, »Glamourgirl«.

Ihr Pseudonym ist _____

Was sagt das über Sie aus? Welche vorherrschende Eigenschaft hat Sie gerade auf dieses Pseudonym gebracht? Fröhlichkeit, Sensibilität, Unangepasstheit, Natürlichkeit? Notieren Sie sie hier:

_____

Benennen Sie ein Vorbild

Welche Frau bewundern Sie, wegen ihrer Aktivitäten, ihrer Leistung oder ihrer äußeren Erscheinung? Das kann eine historische Persönlichkeit sein, eine Romanfigur, eine Filmschauspielerin, eine Künstlerin oder jemand aus Ihrer Umgebung – sei es Jeanne d'Arc, Marlene Dietrich, Mutter Teresa, Anna Karenina, Meryl Streep oder Ihre Yogalehrerin.

Welche inneren und/oder äußeren Eigenschaft(en) bewundern Sie an dieser Frau? Notieren Sie sie bitte hier:

Vielleicht fragen Sie sich, was die Eigenschaften dieser Person denn mit Ihren eigenen zu tun hat. Das Geheimnis ist: Was Ihnen bei ihr gefällt, besitzen Sie selbst ebenfalls. Eventuell ist es nur noch nicht entwickelt.

Übertragen Sie die Eigenschaften auf Ihr Outfit. Ziehen Sie ein Fazit. Welche Eigenschaften kennzeichnen Sie besonders?

Überlegen Sie, wie Sie diese Kerneigenschaften auf Kleidungsstücke und Accessoires übertragen können:

- Welche Farben drücken Ihre Eigenschaft am besten aus?
- Welche Materialien entsprechen der Eigenschaft?
- Welche Formen passen dazu?
- Welche Muster?
- Welche Accessoires spiegeln diese Eigenschaft wider?

Das herauszufinden dürfte nicht schwer sein, denn Farben, Formen und Materialien besitzen einen Symbolwert, den wir intuitiv alle kennen. Etwa: Angora ist weich und feminin. Rot steht für Power und Auffälligkeit. Ein enger

Schnitt wirkt sexy, schlichter Gold- oder Silberschmuck elegant.

Natürlich müssen die Farben und Formen auch zu Ihren äußeren Eigenschaften wie Größe, Figur, Haar-, Haut- und Augenfarbe passen. Da jedoch die Auswahl groß ist und Ihnen immer eine Bandbreite an Mode zur Verfügung steht, dürfte das kein Problem sein.

Facetten für spezielle Auftritte

Für spezielle Events und Auftritte möchten wir neben unserer Kerneigenschaft meist auch noch gezielt bestimmte Facetten zeigen.

Schreiben Sie für diesen Fall drei Adjektive auf, wie man Sie bei der Veranstaltung wahrnehmen soll.

Hier einige Anregungen: elegant, sexy, vertrauenswürdig, zuverlässig, kreativ, flippig, modern, jung, androgyn, weiblich, seriös, sympathisch, locker, liebenswürdig, extravagant, lässig, erfolgreich, streng, feminin, ruhig, souverän, verführerisch, lebhaft, energiegeladen, konzentriert, reich, intellektuell, herzlich.

1) _____
2) _____
3) _____

Überlegen Sie nun wieder, wie Sie diese drei Attribute in einem Mix modisch umsetzen könnten.

In Seminaren zum Thema »Charisma« lasse ich die Teilnehmerinnen gerne diese Übung machen. Aus diesen Erfahrungen möchte ich hier zwei Beispiele herausgreifen.

Daria, 34, IT-Spezialistin, wählte für einen anstehenden wichtigen Kundenbesuch »sympathisch«, »kompetent« und »locker«. Ihr Outfit setzte sie dazu wie folgt zusammen:
Kompetent = Dunkelblauer Blazer. Sportliche Uhr.
Locker = Jeans und Mokassins.
Sympathisch = Farbiges Tuch mit kleinem Muster.

Veronika, 42, wollte für eine Party »positiv auffällig«, »weiblich« und »unangestrengt« aussehen. Das kam dabei heraus:
Weiblich = Figurbetonter schwarzer Pulli mit Dekolleté.
Auffällig = Große Strassohrringe.
Unangestrengt = Jeans mit dunkler Waschung und Stiefel.

Probieren Sie es selbst aus. Mit ein bisschen Überlegung entsteht am Ende ein »Gesamtkunstwerk«, in dem sich die gewünschten Eigenschaften perfekt zusammenfügen und genau den angestrebten Dreiklang vermitteln.

Der Erwartung entsprechen

Nicht immer können wir frei wählen. Oft sind wir durch berufliche Vorgaben zumindest teilweise gebunden, schließlich hat jeder Berufszweig seinen Dresscode. Aus gutem Grund, denn Kleidung lässt ein erwünschtes Image entstehen. Deshalb ist es wichtig, dass unser Outfit zu den Werten unserer Berufsgruppe passt, etwa Seriosität (Rechtsanwältin), Kreativität (Texterin in der Werbeagentur), Lockerheit (Informatikerin) oder Extravaganz (Künstlerin) ausstrahlt. Wir sollten uns in unserem Job nicht zu weit von dem erwarteten Bild entfernen. Damit würden wir zwar Aufsehen erregen, aber prompt in der falschen Schublade landen.

Wie Svenja, 43, die sich mir als Unternehmensberaterin vorstellte. Sie trug einen kurzen geblümten Rock, für ihre üppigen Formen ein bisschen zu knapp. Über einem dekolletierten Top ein roséfarbenes Jäckchen mit Perlmuttknöpfen. Peeptoes ohne Strümpfe, mit einem schillernden Nagellack. Bei unserer ersten Begegnung auf einer Tagung war ich von dieser Aufmachung etwas irritiert. Ich bin mir sicher, dass sie bei neuen Kunden zunächst Vorurteile überwinden muss, im Gegensatz zu einer Kollegin im dunkelblauen Kostüm.

Es ist durchaus sinnvoll, sich am Kleidungsstil des eigenen Berufsstandes zu orientieren. Vielleicht finden Sie das jetzt langweilig und angepasst. Aber Tatsache ist: Mit einem Äußeren, das den Erwartungen entspricht, ersparen wir uns eine Menge zusätzlicher Anstrengung. Schließlich fühlen wir uns nicht jeden Tag stark genug, um unser unangepasstes Outfit so selbstsicher zu tragen, dass uns gleichgültig ist, was andere dazu sagen.

Ich weiß, wovon ich rede! In jungen Jahren habe ich das Wissen, dass man mit Kleidung seine Persönlichkeit ausdrückt, sehr kreativ umgesetzt. Ich erinnere mich an eine gewagte Zusammenstellung aus grünem Seidenkimono mit pinkfarbenem Stufenrock. Warum auch nicht – nur war ich zu der Zeit nicht auf der Akademie für bildende Künste, sondern in der Redaktion der »Brigitte«. Mit dem Effekt, dass Kolleginnen aus anderen Ressorts an meine Bürotür klopften und sagten: »Ich wollte nur mal sehen, was Sie heute wieder anhaben.« Es dauerte nicht lange, dann wusste ich einen dem Job angepassten Kleidungsstil zu schätzen, der zwar weniger interessant war, dafür aber auch weniger anstrengend.

Pflicht und Kür im Dresscode

Die meisten von uns sind in Berufen tätig, in denen man eher Seriosität als Extravaganz vermitteln will. Für Sachbearbeiterinnen, Lehrerinnen, Immobilienmaklerinnen, Staatssekretärinnen oder Kundenberaterinnen sind Neonfarben oder Animalprints ganz gewiss nicht das Wahre. Also immer nur gediegen im dunkelblauen Hosenanzug oder Kostüm mit pastelliger Bluse? Für uns Frauen hat sich das zum Glück gelockert. Wir müssen nicht mehr die Männer kopieren, um ernst genommen zu werden, und dürfen mehr Weiblichkeit einbringen. Also ein Twinset mit Bleistiftrock, ein elegantes Wickelkleid, eine Seidenbluse unter dem figurbetonten Blazer. Trotzdem geht die Freiheit nicht so weit, wie uns das manche Hochglanzzeitschriften glauben machen wollen. Zu starke optische Ausreißer darf man sich nicht einmal an der Spitze erlauben: Als sich Yahoo-Chefin Marissa Mayer in der amerikanischen Vogue in einem eng anliegenden, leuchtend blauen Kleid auf einer Gartenliege präsentierte, kursierten empörte Kommentare in Zeitungen und im Netz: »Too sexy for CEO« – zu erotisch für eine Unternehmenschefin.

Die Business-Kleiderordnung setzt nach wie vor auf dezente Kleidung. Dazu gehören schlichte, in Schnitt und Qualität anspruchsvolle Stücke in gedeckten Farben. Die dürfen wir gerne mit individuellen Accessoires wie Schal, Gürtel oder Brosche aufpeppen und ihnen damit eine persönliche Note geben. No-Gos sind jedoch immer noch Rüschen, Fransen, Spitze, tiefes Dekolleté, Glitzer, wilde Muster, Durchsichtiges und alles, was zu eng und zu kurz aussieht.

Die Faustregel des Prinzen
Mit dem Outfit ist es wie mit dem guten Benehmen. Die Regeln – in diesem Fall den Dresscode – zu beherrschen reicht

allein nicht aus. Prinz Asfa-Wossen Asserate, Autor des Ratgebers *Manieren*, sieht in der Wertschätzung für den Gesprächspartner und gegenüber der Situation ein weiteres entscheidendes Moment für die Kleiderwahl. Praktisch kann das bedeuten: Wenn Sie einen langjährigen Kunden besuchen, von dem Sie wissen, dass er nur legere Kleidung trägt, dann sollten Sie sich nicht unbedingt in ein elegantes Kostüm werfen. Und falls Ihr Gegenüber eher konservativ ist, lassen Sie die Jeans besser im Schrank. Ebenso muss die Situation berücksichtigt werden. Wie unangenehm es ist, wenn das vernachlässigt wird, zeigt sich zum Beispiel im Theater. Wer da im Freizeitlook auftaucht, verdirbt anderen die festliche Stimmung.

Sich auf die Situation und die Gesprächspartner einzustellen ist eine Frage des Respekts. Wir müssen uns dabei aber nicht optisch verleugnen und zum Spiegelbild des anderen werden. Es geht vielmehr darum, dass wir vor einer Begegnung ein wenig nachdenken: Welchen Charakter hat der Anlass? Wen treffe ich? Mit Blick darauf sollten wir den Spielraum unseres Dresscodes ausschöpfen.

Angela Baillou, 44, Chefin des Auktionshauses Christie's in Österreich, bestätigt das in einem Interview. Auf die Frage, ob sie in puncto Optik je nach Gesprächspartner variiere, sagt sie: »Ich stelle mich darauf ein, ja. Treffe ich einen Schmuckexperten, dann lege ich eine besondere Brosche an. Bin ich bei einem konservativen Paar, dann kleide ich mich natürlich keinesfalls provokant.«

Der Prinz fasst das Prinzip so zusammen: Wenn wir uns die beiden Begriffe »Wertschätzung« und »Anpassung« merken, können wir nie falsch angezogen sein.

Trotzdem voll daneben!

Normalerweise sind wir in unserer Kleiderwahl souverän. Doch durch ein Missverständnis in der Kommunikation kann es dennoch passieren: Wir geraten in Jeans und Pulli in eine feine Gesellschaft oder aufgebrezelt in eine lässig gekleidete Gruppe. Derart aus dem Rahmen zu fallen fühlt sich ziemlich peinlich an.

Die Journalistin Ingrid Gehringer hat beides erlebt: Im ersten Fall war sie zu einem Interview mit dem Ururenkel von Louis Vuitton – bekannt für seine Vorliebe für elegante Frauen –, in dessen noble Pariser Residenz eingeladen. Dem Anlass gemäß packte sie ein Cocktailkleid und Sandaletten in den Koffer. Nur, am fraglichen Tag schüttete es vom Himmel, außerdem hatte sie eine starke Erkältung erwischt. Das luftige Kleidchen hätte garantiert zu einer Lungenentzündung geführt, die Riemchenschuhe hätten sich in den Sturzfluten aufgelöst. Verzweifelt, aber der Vernunft gehorchend, schlüpfte sie in Jeans und Lederboots und zog ihren von der Reise zerknitterten Blazer an.
Im zweiten Fall wurde sie in Los Angeles von einem ihr flüchtig bekannten Regisseur spontan zu einer Filmpremiere eingeladen. Sie dachte an einen fulminanten Auftritt auf dem Roten Teppich und warf sich in ein bodenlanges Abendkleid mit High Heels. Und lag damit leider voll daneben. Ihr Gastgeber holte sie lässig in Shorts, T-Shirt und Turnschuhen ab.

Was tun in solchen Situationen? Sich permanent entschuldigen und erklären, warum man gerade so extrem gewandet ist? Bloß nicht! Da hilft nur Selbstvertrauen. Ingrid Gehrings Tipp ist goldrichtig: »Wenn man in einer so hoffnungslosen Lage ist, bleibt einem nichts anderes übrig, als den Zustand einfach zu akzeptieren, stolz den Kopf zu heben und Haltung zu bewahren.«

11. Öffentliche Auftritte mit Selbstvertrauen meistern

Passend angezogen sind wir nun also – das ist schon einmal die halbe Miete. Doch es gilt, was ich kürzlich in einer Zeitschrift las: Ein guter Look kann Leistung betonen, aber nicht ersetzen. Im nächsten »Kurs« geht es deshalb darum, dass wir uns auch verbal aufs Beste einbringen; sowohl beim Gespräch im vertrauten Kreis oder mit einem einzelnen Gegenüber als auch in Sitzungen und Meetings. Und besonders wichtig ist unsere Kommunikationsstärke natürlich auf dem Podium bei Präsentationen und Vorträgen.

Über den passenden Einsatz von Männer- und Frauensprache haben wir uns ja bereits verständigt. Trotzdem bleibt noch einiges im Blick auf unsere Ausdrucksweise zu berücksichtigen. Viele kompetente Frauen tun sich schwer damit, ihre Sprache aktiv und offensiv einzusetzen, um wahrgenommen zu werden und ihre Ziele zu erreichen. Dazu müssen wir wissen, wie wir uns über unsere Worte als eine Persönlichkeit mit Selbstvertrauen profilieren können.

Powersprache anwenden

In Managerkreisen und im Verkauf benutzt man gerne den Begriff »Powertalking«. Er besagt, dass man mit seiner Wortwahl Stärke und Kompetenz demonstriert und damit sein Gegenüber überzeugt. Wissenschaftliche Grundlage hierfür ist die durch Verfahren der Neurophysiologie belegte Erkenntnis, dass Wörter intensive Emotionen und sogar körperliche Reaktionen auslösen. Dazu können Sie gleich die Probe aufs Exempel machen: Sprechen Sie nacheinander laut die Wörter »Mörder« und »Umarmung« aus und lassen Sie sich nach jedem etwas Zeit, um zu spüren, wie Sie sich fühlen.

Wie war es? Vermutlich haben Sie sich beim ersten Wort unbehaglich gefühlt oder hatten sogar ein schlimmes Bild vor Augen. Das zweite dagegen dürfte für Sie angenehm gewesen sein. Vielleicht haben Sie gelächelt oder sich etwas Schönes vorgestellt.

Wenn sich schon mit einzelnen Wörtern Reaktionen auslösen lassen, wie viel mehr dann durch ganze Sätze! Diese Tatsache können wir nutzen, indem wir bewusst Begriffe der Stärke, der Aktivität und des Selbstvertrauens einsetzen. Dabei sollten Sie immer die positive Variante wählen. Schon der antike Philosoph Epiktet wusste: Nicht wie die Dinge sind, ist entscheidend, sondern wie wir sie beurteilen. In vielen Fällen haben wir die Möglichkeit, uns für den gleichen Sachverhalt zwischen einem positiven oder negativen Ausdruck zu entscheiden:

- **Negativ:** »Ich habe ein Problem.« → **Positiv:** »Ich stehe vor einer Herausforderung.«
- **Negativ:** »Ich zweifle daran.« → **Positiv:** »Ich bin dabei, es zu überdenken.«
- **Negativ:** »Ich kann nicht mehr.« → **Positiv:** »Ich brauche eine Pause.«

Wenn wir den günstigeren Begriff wählen, hat das einen doppelten Effekt. Zuallererst stärken wir uns selbst. Unser Unterbewusstsein hört nämlich mit und versteht unsere Worte als Anweisung. Gleichzeitig machen wir damit auf unsere Gesprächspartner einen souveränen Eindruck: Die weiß, was sie will, und ist voller Energie.

Kraftvoll zu sprechen bedeutet nicht nur, sich positiv auszudrücken, sondern auch, präzise und dynamische

Worte zu finden. Stellen Sie sich vor, Sie sind eine Malerin und suchen sich aus, ob Sie für Ihr Bild leuchtende oder pastellige Farben nehmen. Damit bestimmen Sie, ob es intensiv oder zart auf die Betrachter wirkt. Als Wort-Künstlerinnen haben wir eine ähnliche Auswahl. Es gibt Wörter, die einen deutlichen Eindruck hinterlassen und solche, die wenig Kontur zeigen. In dem Zusammenhang lohnt sich ein Blick auf unsere Grammatik.

Präzision durch das richtige Substantiv

Viele Hauptwörter unterscheiden sich voneinander durch Nuancen. Hier richtig zu wählen dient unserer Klarheit und Kompetenz. Deshalb sollten wir uns die Mühe machen und überlegen, welches Substantiv exakt das trifft, was wir ausdrücken wollen. So wird etwa im Lexikon für sinn- und sachverwandte Wörter zu »Gerede« alternativ genannt: Gedöns, Geschwätz, Larifari, Wortschwall, Erguss, Sermon, Salm, Getue, Gewäsch, Klatsch, Redseligkeit, Tirade.

Übrigens: Dass es nötig ist, die Auswahl überlegt zu treffen, erfuhr Altkanzler Gerhard Schröder, als er im Zusammenhang mit Familienpolitik verbal danebengriff und das Wort »Gedöns« benutzte. Diese Entgleisung wird noch immer mit seiner Arroganz auf diesem Gebiet in Verbindung gebracht.

Verben transportieren Dynamik und Aktivität

Vorausgesetzt, wir wählen die richtigen. Meist benutzen wir automatisch eher farblose Wörter wie »tun«, »machen«, »haben« und »sein«. Sie hinterlassen keinen besonderen Eindruck. Dabei können wir mit ein bisschen Überlegung leicht solche finden, die unserer Aussage mehr Schwung und Farbigkeit verleihen.

- **Schwach:** »Das Essen ist gut.« → **Stark:** »Das Essen schmeckt mir gut.«

- **Schwach:** »Das tu ich gerne für dich.« → **Stark:** »Ich unterstütze dich gerne.«
- **Schwach:** »Das Protokoll ist von mir.« → **Stark:** »Ich habe das Protokoll geschrieben.«

Überlegen Sie, welches Verb am ausdrucksstärksten ist und das Subjekt Ihres Satz am besten ergänzt.

Sich um eine bewusste und aktive Sprache zu bemühen, lohnt sich auf jeden Fall. Die amerikanische Unternehmensberaterin Phyllis Mindell ist davon überzeugt: »Als erfolgreiche Frau können Sie aus dem ganzen Bedeutungsfeld genau das Wort wählen, das eindeutig sagt, was Sie meinen.«

Sich selbstbewusst zu Wort melden

Teambesprechung, Infotreffen der Bürgerinitiative, Stiftungsrat, Sitzung des Fachbereichs, Elternabend, Redaktionskonferenz – es gibt zahlreiche Anlässe, sich beruflich oder privat zum Austausch zu treffen. Frauen fällt es in solchen Situationen oft schwer, sich zu Wort zu melden. Ich kenne kaum eine, die hinterher stolz von sich sagt: »Super, wie brillant ich mich da eingebracht habe.« Stattdessen ärgern wir uns oft, dass wir mal wieder zu wenig den Mund aufgemacht und anderen das Feld überlassen haben. Warum eigentlich? Schuld daran ist fast immer unsere erlernte weibliche Zurückhaltung oder unser Perfektionismus.

Die Generation Poesiealbum kennt noch diesen Spruch: »Sei wie das Veilchen im Moose, sittsam, bescheiden und rein. Und nicht wie die stolze Rose, die immer bewundert will sein.« Heute lächeln wir natürlich über solche Ergüsse. Doch deren Essenz steckt leider immer noch tiefer in uns, als wir selbstbewussten, emanzipierten Frauen wahrhaben möchten: Bloß nicht zu sehr auffallen, sich nicht in den Mittelpunkt stellen. Sonst wirkt man unangenehm egozentrisch.

Das Gegenteil ist der Fall. Gerade in diesen Situationen müssen wir deutlich unseren Beitrag bringen, damit wir sichtbar werden und unsere Ziele verfolgen können. In vertrauter Runde ist das zum Glück nicht so schwer, wohl aber, wenn man sich nicht näher kennt. Es gibt gestandene Frauen, die schon in einer Vorstellungsrunde Herzklopfen haben.

Da hilft dieser Trick: Wir müssen nicht sofort mit einem eigenen Beitrag glänzen, das kann gerne auch noch etwas später kommen. Stattdessen steigen wir langsam ein und reden uns warm:

- **Sich geschickt anhängen.** Kommentieren Sie zur Einstimmung die Aussage einer Vorrednerin oder eines Vorredners. Etwa indem Sie sie unterstützen: »Ich kann Frau Müller-Möhring nur zustimmen. In unserer Abteilung haben wir ähnliche Erfahrungen gemacht.« Oder ergänzen Sie: »Herr Beutin hat schon ganz richtig bemerkt, dass unsere Kunden vorwiegend weiblich sind. Ich möchte noch hinzufügen, dass es sich vor allem um Frauen zwischen 30 und 40 Jahren handelt.«
- **Vertiefende Fragen stellen.** Ein kluger Spruch sagt: »Wer fragt, führt.« Intelligente Fragen bereichern das Gespräch und weisen Sie als interessiert aus. Wenn Ihnen also zur Ausführung eines Teilnehmers noch Informationen fehlen, dann fragen Sie nach. »Herr Dr. Gehricke, Sie haben uns gerade die Statistik sehr einleuchtend erläutert. Gibt es eigentlich auch eine Auswertung zu dem familiären Hintergrund der Probanden?«

Nach diesen verbalen Fingerübungen wird es Ihnen bestimmt leichter fallen, sich anschließend mit einem ganz eigenständigen Beitrag zu äußern.

Nicht in die verbale Perfektionismus-Falle tappen

Eine Redebremse ist auch unser Perfektionismus. Vermutlich kennen Sie das: In der Runde wird lebhaft diskutiert. Ihnen fällt durchaus etwas zum Thema ein, das Sie einbringen möchten. Doch dann kommen Ihnen Bedenken. Wenn die nun genauer nachfragen, woher Ihre Fakten stammen? So hundertprozentig haben Sie die Quelle nicht parat. Da schweigen Sie lieber. Oder Sie formulieren Ihren Beitrag vorab im Kopf, damit Sie Ihre Meinung sowohl inhaltlich als auch formal perfekt äußern. Während Sie noch an Ihren goldenen Worten feilen, ist das Gespräch schon weitergeflossen und man ist längst bei einem anderen Punkt. Für Ihren Beitrag ist es leider zu spät.

Sicher sollten wir nicht einfach drauflosreden, doch allzu viele Skrupel verhindern, dass wir überhaupt zum Zuge kommen. Damit schaden wir uns selbst. Untersuchungen haben ergeben, dass nicht die Teilnehmerinnen einer Gesprächsrunde positiv auffallen, die einmal einen hervorragend durchdachten Kommentar abgeben und ansonsten vornehm schweigen, sondern diejenigen, die während der ganzen Zeit lebhaft mitdiskutieren. Verbalen Perfektionistinnen hilft es, sich zu sagen: »Gut ist gut genug.« Falls wir etwas nicht hundertprozentig wissen, können wir auf Nachfrage immer noch antworten: »Das habe ich gerade nicht parat, aber ich werde mich darum kümmern.«

Auf dem Podium glänzen

Sich vor einer überschaubaren Runde zu äußern lässt sich durchaus bewältigen. Der Härtetest ist jedoch, ganz alleine vorne zu stehen. Alle Blicke sind auf einen gerichtet, man erwartet von uns eine überzeugende Performance. Wie fühlen Sie sich bei dieser Vorstellung?

Menschen, die sich im Scheinwerferlicht sonnen, bezeichnet man etwas unfein, aber wohlwollend als »Rampensau«. Die Moderatorin Barbara Schöneberger, die selbst lustvoll auf der Bühne agiert, behauptet: »Zur Rampensau wird man geboren.« Teilweise hat sie recht. Wer schon als kleines Mädchen begeistert in der Verwandtschaft Weihnachtsgedichte oder Lieder vortrug und bei der Theateraufführung in der Schule scharf auf die Hauptrolle war, besitzt vermutlich das Rampensau-Gen – ganz im Gegensatz zu den schüchternen Kindern, die sich bei der Gelegenheit heulend hinterm Tannenbaum versteckten oder froh waren, wenn sie im Theaterstück hinter dem Vorhang die Souffleuse geben durften.

Doch auch in diesem Fall ist die »Genetik« nicht alles, sie verschafft höchstens eine Disposition. Gewiss hilft ein extravertiertes Naturell, Präsentationen, Reden, Referate oder Vorträge weniger zu scheuen. Doch nach meiner Erfahrung gehört noch mehr dazu: viel Übung. Aus diesem Grund haben auch diejenigen ohne Rampensau-Gen beste Chancen für einen großartigen Soloauftritt. Das ist ähnlich wie bei Musikern. Talent erleichtert den Erfolg, doch wer intensiv übt, kann sogar ein Talent überflügeln, das sich keine Mühe gibt.

Die kleine Rednerschule

Ein Trost vorab: Alle erfolgreichen Referentinnen und Referenten haben klein angefangen. Eine derzeit bekannte Rednerin fand ihr erstes Publikum in der Volkshochschule und ein Motivationstrainer, der inzwischen Stadien füllt, schlich nach seinem ersten Vortrag wie ein geprügelter Hund vom Podium, weil er grottenschlecht war. Wichtig ist, dass wir aus unseren ersten Auftritten keine falschen Schlüsse ziehen. Wenn die nicht gleich zu Standing Ovations führen, heißt das nicht, dass uns das öffentliche Reden nicht liegt, sondern nur, dass wir noch einiges lernen müssen.

Gute Reden, egal zu welchem Anlass, beruhen auf guter Vorbereitung. Dass es sinnvoll ist, relevantes Material zu sammeln und es in Einleitung, Hauptteil und Schluss zu gliedern, wissen wir schon seit den Deutschaufsätzen in der Schule. Wichtig ist es auch, eine klare Botschaft herauszuarbeiten, einen persönlichen Einstieg zu wählen und einen prägnanten Schluss zu formulieren. Aber außer einem überzeugenden, gut aufbereiteten Inhalt gibt es noch weitere Punkte zu beachten:

Die Tonalität anpassen

Sich auf das Publikum einzustellen erfordert der Respekt. Sind es Fachleute oder Laien, oder beides? Was haben sie für Erwartungen? Was für Erfahrungen? Was interessiert sie? Danach sollten sich unsere Tonalität, die Erläuterungen und die Auswahl der Beispiele richten.

So habe ich etwa auf der Basis meines Buches *Tango Vitale* einen Vortrag über das Schicksal gehalten – mal vor den Müttern behinderter Kinder, mal vor den Senioren eines Kirchenkreises, mal in großen Buchhandlungen. Der Inhalt war jeweils derselbe, doch die Art der Ansprache, die Heraushebung bestimmter Aspekte und die Beispiele habe ich entsprechend variiert.

Eine Generalprobe machen

Wie bei jedem guten Theaterstück müssen Sie vorher proben, am besten zwei oder drei Mal. Schön, wenn Sie Ihre Rede jemandem vortragen können, der dazu eine fundierte Kritik abgibt. Doch es geht auch ohne das. Stellen Sie einige Stühle so vor sich, als säße da das Publikum. Halten Sie Ihren Vortrag laut und stoppen Sie dabei die Zeit. Wenn möglich, nehmen Sie ihn auf und hören das später ab. Durch die Probe wissen Sie, wo Sie den Text korrigieren, erweitern oder kürzen müssen. Sie merken dann, wo es hakt und welche Passagen Sie extra üben sollten.

Die Umgebung bestimmen
Der Erfolg hängt auch von der Umgebung ab, sie macht einen großen Teil der Atmosphäre aus. Nützlich ist es, wenn Sie sich schon vorher über die Örtlichkeit informieren und dem Veranstalter Ihre Wünsche durchgeben. Unerlässlich ist es, dass Sie mindestens eine halbe Stunde vor Beginn vor Ort sind und die Location so richten, dass es für Sie passend ist.

Trotz aller Sorgfalt kann es unerwartet Probleme geben. Plötzlich werden Ihre Zuhörer geblendet, weil die Sonne gewandert ist und ihnen nun voll ins Gesicht scheint. Jalousien gibt es nicht. Oder nebenan ist eine Baustelle und just während Ihrer Präsentation werfen die Arbeiter den Presslufthammer an. Dann müssen Sie reagieren. Ich habe schon erlebt, dass ein Referent auf einen Stuhl stieg und seinen Mantel gegen die Sonne über das Oberlicht eines Fensters hing oder dass die ganze Gesellschaft vor dem Lärm in einen Kellerraum floh. Und wenn sich nichts ändern lässt? Dann halten Sie durch und fesseln Sie Ihr Publikum so, dass es die Umgebung vergisst. Besonders erhellende Erlebnisse dieser Art hatte ich auf einer Freiluft-Veranstaltung, bei der während meines Vortrags fünf Mal der Strom für die Lautsprecher ausfiel, und im Saal eines ländlichen Gasthauses, wo die Kellner entgegen meiner höflichen Bitte mit Gläsern und Tellern klappernd durch die Reihen liefen. Ich gab trotzdem mein Bestes.

Der Körper spricht mit

An dieser Stelle ernte ich bei meinen Vorträgen zum Thema Charisma immer Lacher: Um die Bedeutung der Körpersprache für die Ausstrahlung zu demonstrieren, fahre ich inhaltlich ganz normal fort, schlurfe dabei aber über das Podium, verstecke die Hände hinter dem Rücken und schaue mit gesenktem Kopf auf den Fußboden. Eine übertriebene

Performance, doch sie verdeutlicht, dass unsere Wirkung mindestens ebenso stark von unserer Körpersprache wie von unseren Worten abhängt. Von daher sollten wir sie bewusst kontrollieren. Aufrecht stehen, Kopf hoch, Blickkontakt – das sind die Basics. Daneben gibt es aber noch Folgendes zu beachten:

Frühzeitig Kontakt aufnehmen
Der Auftritt beginnt nicht erst auf dem Podium, sondern sobald wir den Raum betreten. Ab sofort stehen wir nämlich unter Beobachtung des Publikums. Statt gebannt auf unsere Unterlagen zu starren oder uns ausschließlich um die Technik zu kümmern, sollten wir zwischendurch Blickkontakt aufnehmen und lächeln. So bekommen wir den ersten Zugang zu unseren Zuhörern.

Offen bleiben
Aufregung führt dazu, dass wir uns automatisch mit Gesten schützen. Typisch dafür ist es, die Hände hinter dem Rücken oder in den Taschen zu verstecken. Sogar verschränkte Arme wurden schon gesichtet. Steht ein Pult zur Verfügung, klammern wir uns oft mit beiden Händen am Rand fest, als ob es sich um ein Rettungsboot auf wilder See handelt. Hier bewusst loszulassen hat einen doppelten Effekt: Wir wirken nicht nur souveräner, wir werden es auch, denn unsere Körperhaltung beeinflusst unsere aktuelle Stimmung.

Auf Marotten achten
Wenn wir nervös sind, schaffen wir unbewusst kleine Blitzableiter für unsere innere Spannung. Wippen auf den Zehenspitzen oder treten von einem Fuß auf den anderen. Fassen uns an die Nase oder streichen immer wieder die Haare aus der Stirn. Blinzeln oder knipsen mit dem Kuli. Die Nervosität überträgt sich aufs Publikum. Meist dauert es nicht lange, dann raschelt und hüstelt es. Von daher sollten wir

uns bemühen, Ruhe auszustrahlen. Das gelingt uns, wenn wir immer mal wieder sekundenschnell unsere Körperhaltung und Bewegungen prüfen.

Wenn nur das Lampenfieber nicht wäre ...

Vielleicht brauchen Sie für Ihren Vortrag, die Rede oder Präsentation keine Tipps mehr, weil Sie darin längst Profi sind. Das Einzige, was Sie an Ihrem rhetorischen Höhenflug hindert, ist das Lampenfieber.

Ganz ohne Lampenfieber geht es nicht. Aber wie schon der große Arzt Paracelsus wusste: Die Dosis macht das Gift. Durch ein bisschen Aufregung wird genau die Menge Adrenalin ausgeschüttet, die uns hilft, unsere Bestleistung zu bringen. Zu viel Lampenfieber dagegen blockiert die Gehirnfunktionen – der berüchtigte Blackout ist die Folge – und verursacht unangenehme Körperreaktionen wie zitternde Knie, feuchte Hände, Herzklopfen.

Hinter der Überdosis steckt pure Versagensangst. Unser gelerntes Bedürfnis, perfekt zu sein, und unser Verlangen, die komplette Kontrolle über das Ergebnis zu haben, führt dazu, dass wir schon vorab in Panik geraten: Was ist, wenn wir scheitern? Wenn wir uns vor aller Augen restlos blamieren?

Die Bedeutung reduzieren

Die Stärke der Aufregung entspricht immer der Bedeutung, die wir der Situation zumessen. Eine Präsentation vor netten Kollegen macht uns weit weniger nervös als vor einem Kunden, dessen Auftrag wir haben möchten. Diese Tatsache können wir nutzen, um unser Lampenfieber zu reduzieren: Verringern wir die Bedeutung unseres Auftritts, verändern wir damit auch die Stärke unserer Aufregung. Dabei helfen diese mentalen Tricks:

- **Sich an Schlimmeres erinnern.** Vergleichen Sie das, was Ihnen bevorsteht, mit Ereignissen in der Vergangenheit. Sicherlich haben Sie schon schwierigere und wichtigere Aufgaben gemeistert als die Rede, vor der Sie sich fürchten. Zählen Sie diese für sich auf, etwa die Geburt eines Kindes, eine besondere Prüfung, die Überwindung einer schweren Krankheit.
- **Den Versuch honorieren.** Machen Sie sich bewusst, dass bereits Ihre Bereitschaft, sich dieser angsteinflößenden Situation zu stellen, einen Orden verdient. Die meisten Menschen vermeiden die Herausforderung und tun keinen Schritt über ihre Komfortzone hinaus. Sie nicht, Sie riskieren etwas.
- **In die Zukunft schauen.** Die Engländer haben einen hübschen Spruch: »In die Zeitung von heute wickelt man morgen Fisch.« Was für Sie jetzt von höchster Bedeutung erscheint, ist für Sie und das Publikum schon bald Schnee von gestern. Sagen Sie sich: Auch wenn ich jetzt grandios scheitere, in fünf Jahren kräht kein Hahn mehr danach.

Den Blickpunkt ändern

Gewiss sind Sie schon mal durch ein gut besetztes Lokal zur Toilette gegangen. Hatten Sie dabei – wie wohl die meisten von uns – den Eindruck, alle schauten auf Sie? Ein unangenehmes Gefühl – aber es ist hausgemacht. Vielleicht hat tatsächlich der eine oder andere interessiert hingeschaut, doch die meisten waren garantiert mehr mit sich selbst beschäftigt, als dass sie auf Sie geachtet hätten. Was das mit Lampenfieber zu tun hat? Es entsteht ähnlich: Wir nehmen uns als Person zu wichtig. Unsere Blamage, unser Versagen, unser Waterloo, unsere Peinlichkeit. Hallo, können wir mal kurz von uns absehen? Wir stehen schließlich aus gutem Grund da vorne. Weil wir etwas zu sagen haben. Weil wir ein Ziel haben, sachlich etwas erreichen wollen. Sobald wir uns als Botschafterin eines wichtigen Inhaltes fühlen, geht das Lampenfieber zurück. Sagen Sie sich: Ich habe hier eine Aufgabe zu erfüllen. Ich möchte diesen Leuten jetzt etwas mitteilen, das mir am Herzen liegt. Mission possible!

Übung macht die Meisterin

Und wenn es Sie zunächst noch so sehr davor graust, melden Sie sich möglichst häufig freiwillig zu Auftritten. »Systematische Desensibilisierung« nennt man das in der Verhaltenstherapie. Hat beispielsweise jemand eine Schlangenphobie, dann wird er immer wieder in angemessener Dosis mit seinem Angstobjekt konfrontiert, verbunden mit Entspannungstechniken, bis es ihm am Ende nichts mehr ausmacht. Auf die gleiche Weise funktioniert Abhärtung bei öffentlichen Auftritten. Je öfter wir es tun, desto leichter wird es. Und nicht nur das, wir werden auch immer besser, weil wir jedes Mal etwas dazulernen.

Ich erinnere mich noch genau an meinen ersten Vortrag vor großem Publikum. Natürlich hatte ich mich akribisch vorbereitet. Mein Manuskript war dreißig DIN-A-4-Seiten dick, Wort für Wort schriftlich mit der Schreibmaschine ausformuliert. Die Kernwörter waren für die Betonung mit farbigen Stiften gekennzeichnet. Die Stellen, an denen ich eine Pause machen wollte, markierte ein Symbol. Außerdem hatte ich das Ganze nahezu auswendig gelernt, sodass ich zwischendurch die Augen vom Papier lösen und ins Publikum schauen konnte. Trotzdem schlief ich vor Aufregung schon Tage vorher kaum. Ich suchte meinen Hausarzt auf und bat um ein Beruhigungsmittel, das mich nicht gleichzeitig ins Koma versetzen würde. Der kluge Mann ließ nur über Baldrian mit sich reden. Am fraglichen Abend stand ich mit weichen Knien hinter dem Pult und hielt meine Rede, überzeugt, dass mich im Anschluss harte Kritik treffen würde. Heute, viele Vorträge später, spreche ich frei vor Hunderten von Zuhörern, ohne dass ich vorab mehr als einen förderlichen Adrenalinkick empfinde.

Wenn Sie es wirklich wollen und alle psychologischen Mittel ausschöpfen, dann werden Ihre Auftritte gelingen. Vielleicht stellen Sie dann sogar überrascht fest, dass Sie das Rampensau-Gen besitzen. Und falls nicht, dann ist ein ordentlicher Auftritt immer gut genug. Sich mit Selbstvertrauen nach vorne zu stellen lohnt sich auf jeden Fall. Dadurch werden Sie mit Ihrer Leistung sichtbar und die wird Ihnen alleine zugeschrieben. Das passiert kaum, wenn Sie sich in der zweiten Reihe verstecken. Überlassen Sie nicht denjenigen das Feld, die mühelos das Pfauenrad schlagen. Sie haben etwas zu sagen!

Zum Schluss verrate ich Ihnen gerne noch mein ganz persönliches Rezept für öffentliche Auftritte. Es hilft, auch bei großen Herausforderungen locker zu bleiben. Ich gebe mir mental einen Schubs, indem ich mir sage: »Geh raus und hab Spaß.« Den wünsche ich Ihnen auch!

12. Selbstvertrauen trainieren

Herzlichen Glückwunsch, das Handwerkszeug steht Ihnen nun zur Verfügung. Bleibt noch, es auch konsequent anzuwenden. Wenn es gelingen soll, das eigene Selbstvertrauen deutlich zu erhöhen, ist tägliches Training nötig. Nicht von ungefähr gibt es hier eine Parallele zum Sport. Profisportler, die Leistung bringen wollen, müssen regelmäßig an ihren Schwachpunkten arbeiten und sich motivieren. Nur gelegentlich Gewichte zu stemmen, ein paar Bahnen zu schwimmen oder ein Stündchen die Rückhand zu trainieren reicht nicht. Genauso wenig nützt es, sich einmal einen Ruck zu geben und größeres Selbstvertrauen zu zeigen, indem man eine Herausforderung annimmt. Das wirkungsvollste Training findet im Alltag statt. Täglich gibt es beruflich und privat Gelegenheiten, etwas aus dem Handwerkskoffer des Selbstvertrauens zu benutzen und sich auf diese Weise Schritt für Schritt zu verändern. Etwa:

- eine Einladung auszusprechen, obwohl man keine präsentable Wohnung hat.
- den langjährigen Hausarzt zu wechseln, weil man sich nicht mehr gut betreut fühlt.
- in intellektueller Runde zuzugeben, dass man von dem Thema keine Ahnung hat.
- einer alten Freundin, die uns hartnäckig kontaktiert, zu sagen, dass man sich auseinandergelebt hat und die Verbindung lieber beenden möchte.
- im Gegensatz zu anderen Müttern keinen spektakulären Kindergeburtstag auszurichten, sondern schlicht zu feiern.

- den notwendigen Anruf bei einem schwierigen Menschen selbst zu tätigen, statt jemanden darum zu bitten.
- im Seniorenheim zu sagen, dass man für die Mutter billigen Käse und lappigen Toast zum Abendessen inakzeptabel findet.
- ein Ehrenamt abzulehnen, weil man damit zwar Gutes täte, aber selbst nichts davon hat.
- sich die Haare kurz schneiden zu lassen, obwohl der Partner auf lange Haare steht.

Diese scheinbaren Kleinigkeiten erfordern Mut und Überwindung. Von der ablehnenden Resonanz der Umwelt mal ganz abgesehen, müssen wir damit rechnen, dass unser verändertes Verhalten jedes Mal unsere innere Kritikerin auf den Plan ruft – und die kann sehr unangenehm werden. Ihre Drohungen lassen in uns Zweifel aufkommen: »Damit hast du dir jetzt deine Karriere verbaut.« Sie zwingt uns mit Schuldgefühlen zur Reue: »Musstest du denn wirklich so rigoros sein?« Mit Warnungen macht sie uns Angst: »Das wird sich noch rächen.«

Sie gebärdet sich nicht umsonst so wild. Es geht nämlich um einen Systemwechsel in unserem Denken und Handeln. Das fühlt sich zunächst fremd an und macht sogar Angst. Da hilft nur, trotz äußerem und innerem Widerstand nicht aufzugeben und konsequent weiterzumachen, denn erst in der Summe ergibt das neue Verhalten eine grundlegende Veränderung.

Damit Sie zügig vorankommen, möchte ich Ihnen drei wirkungsvolle Techniken vorstellen. Sie unterstützen Sie dabei, das jeweilige Handwerkszeug effektiv einzusetzen und für das Ziel »Mehr Selbstvertrauen« motiviert zu bleiben. Suchen Sie sich aus, welche Sie anspricht. Am erfolgreichsten sind Sie natürlich, wenn Sie alle nutzen:

- Mit einem Kompaktprogramm starten
- Einen unsichtbaren Coach oder ein Team aktivieren
- Erfolge feiern

Mit einem Kompaktprogramm starten

Zu Beginn ist es oft hilfreich, nach einem Programm vorzugehen. Das gibt uns eine feste Struktur und ermöglicht uns, genau zu überprüfen, wie konsequent wir auf dem Weg zu unserem Ziel tatsächlich sind. Mit geballtem Einsatz hat man auf einen Schlag mehr Erfolg. Das motiviert nicht nur, sondern erleichtert auch die Routine. Man gewöhnt sich schneller an das neue Verhalten. In diesem Sinne empfiehlt sich auch ein Kompakt-Training für mehr Selbstvertrauen. Nehmen Sie sich für die nächsten zehn Tage Folgendes vor:

- Identifizieren Sie sämtliche Situationen, in denen Selbstvertrauen gefragt ist. Sie erkennen sie daran, dass Sie sich unsicher fühlen und dass Ihre innere Kritikerin Ihnen Negatives einflüstert.
- Fragen Sie sich in diesen Situationen: Was würde jetzt eine Frau mit großem Selbstvertrauen denken?
- Halten Sie Ihrer negativen Stimme diese positiven Sätze entgegen.
- Fragen Sie sich: Wie sieht in dieser Situation ein selbstbewusstes Verhalten aus?
- Sprechen und handeln Sie so, als ob Sie bereits großes Selbstvertrauen besäßen.
- Analysieren Sie am Ende des Tages, wie erfolgreich Sie in puncto Selbstvertrauen waren.
- Hat es einmal nicht geklappt, dann spielen Sie im Geiste die Situation so durch, wie sie optimal verlaufen wäre. Das ist ein gutes Mentaltraining für das nächste Mal.

- Last but not least: Zeigen Sie Selbstmitgefühl, wenn es Ihnen noch nicht so gut gelingt. Es gilt das Prinzip: aufstehen, Krone richten, weitermachen.

Das Programm ist allerdings nur der Anfang. So wie eine Diät in Bezug auf das Körpergewicht erst dann dauerhaft Wirkung zeigt, wenn man sie als Einstieg zu einem gesünderen Essverhalten nutzt, ist es auch im Blick auf Selbstvertrauen notwendig, nicht etwa nach zehn Tagen aufzuhören, sondern weiterhin am Ball zu bleiben. Das verlangt einen langen Atem. Die irische Neurowissenschaftlerin Elaine Fox bestätigt, dass erst die beständige Wiederholung die gewünschte Wirkung erzeugt: »Das ist wie bei einem Wasserlauf, der sich im Sand ein neues Bett gräbt. Erst mag es nur ein Rinnsal sein, aber nach und nach furcht sich ein Graben aus und wird tiefer.«

Einen unsichtbaren Coach buchen

Wie schön wäre es, wenn wir in kritischen Situationen einen Coach zur Seite hätten, der uns genau sagt, was zu tun ist. Ähnlich wie im Fernsehen, wo die Moderatorin einen Knopf im Ohr hat und aus der Regie die passenden Anweisungen erhält. Sie glauben, das sei unmöglich? Keineswegs – vorausgesetzt, Sie sind bereit, Ihre Vorstellungskraft einzusetzen. Wir können nämlich jederzeit im Geiste einen Coach herbeizitieren. Ich gebe zu, dass sich das zunächst arg nach Science-Fiction anhört. Tatsächlich aber ist uns die Methode, mit unsichtbaren Menschen Kontakt aufzunehmen, gar nicht fremd. Bestimmt haben Sie schon öfter innere Dialoge mit Personen geführt, die nicht leibhaftig bei Ihnen waren. Sei es mit Ihrer besten Freundin, die Sie gerade nicht erreichen konnten, oder Ihrem Ex, dem Sie gerne noch einiges gesagt hätten. Wahrscheinlich haben Sie auch lebende oder bereits verstorbene Vorbilder, an denen Sie sich in bestimmten Situationen orientieren. In diesem Sinne kann Ihnen ein geistiger Coach auch bei Ihrem Selbstvertrauen helfen.

Wählen Sie Ihren Coach

Überlegen Sie, wer Ihnen in puncto Selbstvertrauen ein Vorbild sein kann. Da es sich um eine geistige Verbindung handelt, spielen weder Zeit noch Realität eine Rolle. Es muss auch nicht unbedingt ein weiblicher Coach sein, obwohl eine Frau sicher das optimale *Role Model* ist. Die Person, die Sie zu Ihrem Coach ernennen, kann eine historische Gestalt sein. Oder jemand aus Ihrer Kindheit, etwa eine exzentrische Tante, die immer als das schwarze Schaf der Familie galt. Auch Protagonisten aus der Literatur sind möglich, wie Pippi Langstrumpf, die sich von niemandem Vorschriften machen lässt. Ebenso eine Comicfigur wie Batman oder Filmheldinnen und -helden, von »Drei Engel für Charly« bis James Bond. Außerdem dürfen Sie die besten Expertinnen aus Vergangenheit und Gegenwart einsetzen, etwa Madonna, die es mit ungeheurem Selbstvertrauen ohne große Stimme in den Pop-Olymp geschafft hat. Sie dürfen auch Frauen oder Männer aus Ihrem Bekanntenkreis wählen, die Ihnen imponieren, vielleicht eine taffe Freundin. Kurz und gut, Sie haben die freie Auswahl.

Wer ist für Sie ein Vorbild in puncto Selbstvertrauen?

Aktivieren Sie Ihren Coach

Im Ernstfall, also in einer Situation, die Sie mit Selbstvertrauen meistern möchten, nehmen Sie Verbindung zu Ihrem geistigen Coach auf. Stellen Sie sich vor, dass er sich an Ihrer Seite befindet und Ihnen ins Ohr flüstert, was Sie sagen und tun sollen. Eine andere Möglichkeit ist, sich auszumalen, wie sich die von Ihnen gewählte Person wohl an Ihrer Stelle verhalten würde. Dass das durchaus funktioniert, zeigt ein Ratgeber mit dem Titel: *Was hätte Jackie getan?*, der die Leserinnen anregt, sich in allen Lebenslagen mental auf Jaqueline Kennedys souveränes Auftreten einzustimmen.

> Gute Erfahrungen mit ihrem unsichtbaren Coach hat Annika, 32, Kostümbildnerin am Theater, gemacht. Vor Kurzem sollte sie ein modernes Stück ausstatten. Die Kostüme waren fertig, aber der Regisseur, bekannt für seine Launen, wollte optisch noch mehr »Power«. Was genau er darunter verstand, teilte er leider nicht mit. Annika nahm sich also die Kostüme noch einmal vor und verpasste ihnen in Nachtarbeit kräftige Farben. Am Ende war sie sehr zufrieden mit ihrer ausdrucksvollen Arbeit. Als der Regisseur das Ergebnis sah, bekam er einen Wutanfall: »Was ist denn das für eine Sch...!« Normalerweise hätte Annika ängstlich den Kopf eingezogen, sich entschuldigt und sich sofort an die Änderungen gemacht. Doch diesmal holte sie sich ihren imaginären Coach an die Seite: Coco Chanel, die zu ihrer Zeit selbstsicher die Mode revolutioniert hatte. Ihrem Vorbild entsprechend sah Annika dem schäumenden Regisseur direkt in die Augen und sagte: »Ich verstehe etwas von meinem Job. Und das *ist* Power! Lassen Sie das erst einmal auf sich wirken.« Das Wunder geschah: Die Umstehenden stimmten ihr zu und der Regisseur knickte ein: »Na gut, dann bleibt es eben so.«

Ein fantastisches Team

Übrigens müssen Sie sich nicht auf einen einzigen Coach beschränken. Sie können auch gleich mehrere für die unterschiedlichen Bereiche buchen, in denen Sie Selbstvertrauen zeigen wollen. Napoleon Hill, einer der Urväter des Positiven Denkens, hat sich sogar eine imaginäre »Ratsversammlung« zusammengestellt. Um seine Persönlichkeit zu entwickeln, versammelte er im Geiste historische Größen um sich, wobei jede für eine bestimmte Eigenschaft stand. So sagte er zum Beispiel: »Mr. Darwin, ich strebe nach Ihrer wunderbaren Geduld und Ihrer Fähigkeit, Ursache und Wirkung so vorurteilslos zu untersuchen, wie Sie es auf dem Gebiet der Naturwissenschaften vermochten.« Von Abraham Lincoln forderte er: »Ich möchte meinem Charakter Ihren ausgeprägten Sinn für Gerechtigkeit einverleiben.« Mit seinen imaginären Coaches (die man damals natürlich noch nicht so bezeichnete) machte Hill die besten Erfahrungen. Sie halfen ihm, die gewünschten Eigenschaften zu entfalten. Um bei seinen Zeitgenossen nicht in den Verdacht spiritistischer Neigungen zu kommen, erklärte er: »Um jedoch jedes Missverständnis auszuschließen, möchte ich betonen, dass ich meine Ratsversammlungen nach wie vor als reine Produkte meiner Phantasie betrachte. Andererseits aber öffneten mir diese Erlebnisse die Augen für echte Größe, spornten mich zum schöpferischen Einsatz meiner Kräfte an und ermutigten mich, meine ehrlichen Überzeugungen auszusprechen.« Auf ähnliche Weise können wir auch unser eigenes imaginäres Team einsetzen.

Erfolge feiern

Wenn Sie das Handwerkszeug aus diesem Buch anwenden, kommen Sie mit Sicherheit weiter, knüpfen etwa leichter Kontakte, setzen sich in einer Männerdomäne besser durch oder befreien sich von Altlasten. Dann ist es wichtig, dass Sie Ihre Erfolge nicht nur kurz registrieren, sondern sich Ihre Leistung ausführlich bewusst machen. Und zwar aus gutem Grund.

Vor ein paar Tagen wurde ich von einer Zeitschrift für ein Dossier zum Thema »Abenteuer« interviewt. Die Redakteurin wollte von mir wissen, ob denn ein Abenteuer, wie zum Beispiel eine vierwöchige Backpacker-Tour durch Australien, überhaupt einen nachhaltigen Effekt auf uns hätte. Würde uns das zum Beispiel mutiger machen? Meine Antwort war ein klares Jein. Tatsächlich kann uns ein einmaliges Überschreiten unserer Komfortzone nachhaltig verändern. Das hängt davon ab, wie tiefgehend und innerlich aufwühlend die Erfahrung ist. In den meisten Fällen jedoch vergeht die Wirkung früher oder später und wir pendeln uns wieder auf unserem ursprünglichen emotionalen Level ein – es sei denn, wir halten das Erlebnis lebendig. Ich empfahl, sich ein Foto auf den Schreibtisch zu stellen (»Ich beim Fallschirmspringen«) oder sich immer mal wieder die Videos anzusehen, die man gedreht hat (»Wir im Jeep auf der Safari in Namibia«). Wenn möglich, sollte man sich auch mit ehemaligen Reisegefährten treffen. Jede Beschäftigung mit den vergangenen positiven Erlebnissen hält das gute Gefühl frisch und macht uns bereit zu weiteren Erfahrungen dieser Art.

Denselben Effekt erreichen wir, wenn wir unsere Erfolge auf dem Gebiet des Selbstvertrauens möglichst oft rekapitulieren. Wir können daraus für die Zukunft viel Energie gewinnen, um entsprechend weiterzumachen.

- Schreiben Sie bitte in Stichworten drei Situationen auf, in denen Sie in der Vergangenheit mit Selbstvertrauen reagiert haben:

    1. _____

    2. _____

    3. _____

- Schließen Sie nun die Augen und stellen Sie sich diese Situationen der Reihe nach vor. Was haben Sie gedacht? Was haben Sie gesagt? Wie haben Sie sich verhalten? Wie

war Ihre Körperempfindung? Wie haben Sie sich anschließend gefühlt?
- Schwelgen Sie in dem guten Gefühl – und bitte ohne Einschränkungen nach dem Motto »Dieses oder jenes hätte noch besser sein können«.

Spüren Sie, wie gut das tut? Wie es Sie beschwingt? Wann immer Sie demnächst einen Etappensieg für Ihr Selbstvertrauen erringen, feiern Sie ihn. Denken Sie oft daran. Erzählen Sie guten Freunden, die sich mitfreuen, davon. Belohnen Sie sich. Auf diese Weise verstärken Sie Ihre Fähigkeit, Selbstvertrauen in vielen Situationen zu zeigen, und es bleibt Ihnen deutlicher in Erinnerung. Sie stellen sich damit selbst Referenzen zusammen, auf die Sie in kritischen Phasen zurückgreifen können: Das alles habe ich schon mit Bravour geschafft, dann werde ich das hier ja wohl auch hinkriegen.

Meine Kollegin Lotta, 49, bekommt noch heute leuchtende Augen, wenn sie an eine bestimmte Situation denkt: »Das war für mich eine Sternstunde meines Selbstvertrauens! Ich hielt vor einem überschaubaren Publikum von Führungskräften ein Referat über Burnout. In der hinteren Reihe saß eine Frau, die sich offenbar gelangweilt fühlte. Jedenfalls plauderte sie halblaut mit ihrer Sitznachbarin. Das störte vehement. Zuerst schickte ich einen kritischen Blick in ihre Richtung – keine Reaktion. Normalerweise hätte ich mir nun gesagt: Bleib professionell, ignoriere das ungehörige Verhalten. Aber dann tat ich etwas, was mir als höfliche, zurückhaltende Person eigentlich fremd war. Ich unterbrach meinen Vortrag, fixierte die Dame und sagte laut und deutlich: »Würden Sie bitte während meines Vortrags keine Privatgespräche führen? Das stört meine Konzentration.« Die Frau lief rot an und hielt sofort den Mund. Später erfuhr ich, dass es sich um eine Mitarbeiterin handelte, die gerne die Leistungen anderer Frauen torpedierte. Man beglückwünschte mich dazu, es dieser ›Zimtzicke‹ gezeigt zu haben. Das ist schon eine Weile her, aber sobald ich mich an diese Situation erinnere, wachse ich gleich ein paar Zentimeter.«

Selbstvertrauen forever?

Das Handwerkszeug benutzen, sämtliche Techniken zur Unterstützung anwenden und immer schön trainieren – dann haben wir es irgendwann geschafft und müssen uns über unser Selbstvertrauen nie wieder Gedanken machen? Leider nein. Da müssen Sie jetzt ganz tapfer sein.

Die Psychotherapeuten Phil Stutz und Barry Michels, die viele Hollywood-Stars erfolgreich coachen, haben psychologisches Handwerkszeug für Glück und Erfolg im Leben entwickelt und weitergegeben. Und tatsächlich, solange ihre Klienten es benutzten, veränderte sich deren Leben zum Positiven. Sie wurden selbstbewusster, kreativer, mutiger. Doch dann stellten die Therapeuten erstaunt fest, dass im Laufe der Zeit selbst diejenigen damit aufhörten, die die besten Ergebnisse erzielt hatten, und prompt in alte Verhaltensweisen zurückfielen. Diese merkwürdige Haltung konnten Stutz und Michels sich zunächst nicht erklären. Schließlich hatten ihre Klienten doch bereits erfahren, wie viel sie mit den Tools erreichen konnten. Also forschten sie, woran das wohl liegen mochte. Und sie entdeckten einen interessanten Grund, der nicht nur Hollywood-Promis, sondern uns alle betrifft. Sie nennen es den »Glauben an einen Freispruch«. Wir glauben, wenn wir ein bestimmtes Level erreichen würden, dann seien wir irgendwann von der Verpflichtung befreit, uns um unsere Entwicklung zu bemühen. Sobald wir am Ziel wären, dürften wir uns endlich entspannt zurücklehnen und müssten uns nicht mehr anstrengen. Das aber ist ein Trugschluss. Tatsächlich haben wir bis ans Ende unserer Tage die Aufgabe, uns weiterzuentwickeln.

Egal wie viel Selbstvertrauen wir bereits besitzen, in unbekannten Situationen wird es wieder passieren, dass wir uns unsicher oder gar wie ein Scharlatan fühlen. Dann müssen wir erneut unser Handwerkszeug herausholen, um diese Herausforderung zu bewältigen. Barbara L. Fredrickson, Psychologie-Professorin an der Universität von North Carolina, sagt dazu: »Wir alle kennen dieses Gefühl der Unzulänglichkeit, wenn wir vor der Herausforderung stehen, uns zur nächsten Ebene aufzuschwingen.« Wohlgemerkt, zur nächsten, höheren Ebene! Davon ist niemand ausgenommen, das geht auch Frauen mit großem Selbstvertrauen so. Was meinen Sie, wie sich Angela Merkel gefühlt hat, als sie zum ersten Mal ihre Pflichten als Bundeskanzlerin wahrnehmen musste? Oder Michelle Obama, als sie als First Lady ins Weiße Haus einzog und plötzlich unter Beobachtung einer ganzen Nation stand? Oder Anna Netrebko vor ihrem Auftritt auf den Salzburger Festspielen, die ihr seinerzeit den endgültigen Durchbruch als Sängerin brachten? Ich bin ganz sicher: Auch diese Frauen, denen niemand zu wenig Selbstvertrauen nachsagt, waren bei der für sie neuen Herausforderung zunächst innerlich unsicher und mussten sich ihre Selbstsicherheit erneut erarbeiten.

Auch wir sollten uns regelmäßig daran erinnern, dass wir nicht nachlassen dürfen. Eines ist dabei tröstlich: Wir müssen nicht jedes Mal bei null anfangen. Was wir uns an Selbstvertrauen erarbeitet haben, das bleibt uns erhalten und steht uns als Fähigkeit bei neuen Herausforderungen zur Verfügung. Unsere Sicherheit wächst, je mehr wir auf positive Erfahrungen zurückgreifen können. Bildlich gesprochen: Es macht einen Riesenunterschied, ob wir mit nur einem Schraubenzieher antreten oder ob uns außerdem noch Hammer, Zange und Säge zur Verfügung stehen. Die Arbeit lohnt sich also in jedem Fall, auch wenn sie nie aufhört.

13. Mit Selbstvertrauen leben

Vielleicht fühlen Sie sich jetzt am Ende des Buches von der Fülle dessen, worauf Sie achten sollten, überwältigt. Ihre innere Wellnessberaterin – uncharmant auch »innerer Schweinehund« genannt – wiegelt ab: »Warum eigentlich der ganze Stress? So schlimm steht es doch nun auch wieder nicht, eigentlich kannst du doch ganz zufrieden mit deinem Selbstvertrauen sein. Schließlich bist du weder eine graue Maus noch ein ängstliches Häschen, sondern eine durchaus erfolgreiche Frau und hast dein Leben bisher ganz ordentlich gemeistert.«

Stimmt, aber »ordentlich« ist für Sie einfach nicht gut genug. Sie haben Besseres verdient – und das bekommen Sie nur mit noch größerem Selbstvertrauen. Mit Sicherheit steckt in Ihnen auch noch viel mehr, als Sie bisher gezeigt haben. Dieses Potenzial entfalten Sie nur mit größerem Selbstvertrauen. Selbstvertrauen ist der Schlüssel zu einem erfüllteren Leben, weil es Ihr Denken positiv verändert und Ihren Handlungsspielraum erweitert. Was immer Sie sich wünschen – Liebe, Karriere, Geld, Anerkennung, Abenteuer, Verbindungen – mit großem Selbstvertrauen bekommen Sie garantiert mehr davon. Dafür lohnt es sich allemal, sich voll zu engagieren. Und zwar nicht demnächst, sondern sofort!

Höchste Zeit für mehr Selbstvertrauen

In einer Sargtischlerei in Dinkelsbühl können Männer im Rahmen eines Seminars ihre eigenen Särge bauen. Sinn des Kurses ist es, sich die eigene Endlichkeit bewusst zu machen. Nun ja, vermutlich ist dieser handwerkliche Weg für Männer durchaus sinnvoll, aber es wirkt doch ziemlich makaber. Ich will Sie jedenfalls ganz gewiss nicht zur Übung »Wir basteln uns einen Sarg« anregen – wohl aber zum intensiven Nachdenken darüber, dass auch Ihr Leben irgendwann endet und dass es dann für Ihre Träume und Wünsche zu spät ist. Warum ich Ihnen hier zum Schluss aus heiterem Himmel die Hölle heiß mache? Weil es, egal wie jung oder alt Sie gerade sind, entscheidend ist, ob Sie Ihre verbleibende Lebenszeit mit oder ohne Selbstvertrauen gestalten.

Die meisten von uns haben aufgrund ihrer Sozialisation in puncto Selbstvertrauen schon viel zu viel Zeit verstreichen lassen. Wie viele Chancen haben wir verpasst, weil wir Angst vor der Herausforderung hatten oder von Zweifel geplagt wurden! Sind nicht ins Ausland gegangen. Haben nicht die Ausbildung gemacht. Haben das Kind nicht bekommen. Haben auf Abenteuerreisen verzichtet. Haben für uns wählen lassen, anstatt unseren Partner selbst auszusuchen.

> Meine Freundin Dagmar, 53, erzählte mir, dass ihr kürzlich beim Aufräumen ein altes Tagebuch in die Hände gefallen ist, mit Rosenmuster auf dem Umschlag und einem goldenen Schlösschen zum Abschließen. »Es war wie eine Reise in der Zeitmaschine«, sagte sie. »Ich begegnete einer 15-Jährigen, die sich so viele unnötige Gedanken über ihr Aussehen, ihre Wirkung auf andere und ihre Fähigkeiten machte. Mir wurde dabei bewusst, wie lang der Weg zum Selbstvertrauen ist. Genauer gesagt, wie unnötig lang. Mit dem Wissen von heute hätte ich schon damals glücklich und

sicher sein können, denn es gab keinen objektiven Grund, an mir zu zweifeln, am Boden zerstört zu sein, weil ich nicht die angesagten Jeans hatte, oder mich für dumm zu halten, weil ich in Latein das Schlusslicht war.«

Mit der Erkenntnis, dass rückwirkend viele Selbstzweifel unnötig erscheinen, steht sie nicht alleine da. Schon häufig habe ich von Frauen gehört: »Früher habe ich gemeint, ich wäre hässlich. Wenn ich heute die Fotos von damals sehe, finde ich mich richtig hübsch.« Oder: »Ich fühlte mich immer zu dick. Dabei hatte ich eine ganz normale Figur.« Oder: »Ich habe meiner Mutter geglaubt, dass ich fürs Gymnasium nicht schlau genug bin. Später habe ich dann im Abendgymnasium das beste Zeugnis gehabt. Aber was für ein mühsamer Umweg!«

Was hätte alles aus uns werden können, wie glücklich und erfolgreich hätten wir sein können, hätten wir schon damals mehr Selbstvertrauen gehabt. Wenn man das bedenkt, kann man sich je nach Temperament mächtig ärgern oder deprimiert werden. Aber das ist nicht der Sinn dieser Rückschau. Vielmehr soll sie zeigen, wie dringend es ist, ab sofort mehr für unser Selbstvertrauen zu tun. Damit wir nicht in ein paar Jahren auf die heutige Zeit zurückschauen und seufzen: »Ach hätte ich doch …«

Zurück in die Zukunft

Es gibt ein bekanntes Gedicht mit dem Titel »Wenn ich mein Leben noch einmal leben könnte …«, das dem argentinischen Schriftsteller Jorge Luis Borges zugeschrieben wird. Die erste Strophe lautet:

Wenn ich mein Leben noch einmal leben könnte, würde ich versuchen, mehr Fehler zu machen. Ich würde nicht so per-

fekt sein wollen, ich würde mich mehr entspannen, ich wäre ein bisschen verrückter, als ich es gewesen bin, ich würde viel weniger Dinge so ernst nehmen, ich würde nicht so gesund leben, ich würde mehr riskieren, würde mehr reisen, Sonnenuntergänge betrachten, mehr bergsteigen.

Nehmen Sie das als Anregung, in ähnlicher Form Ihr eigenes Gedicht zu schreiben:

Wenn ich mein Leben noch einmal leben könnte, dann würde ich …

_____

_____

_____

_____

Schauen Sie sich an, was Sie geschrieben haben, und ziehen Sie daraus Ihre Schlüsse für die Gegenwart. Schon der humanistische Gelehrte Erasmus von Rotterdam wusste: »Am Ende stellt sich die Frage: Was hast du aus deinem Leben gemacht? Was du dann wünschest getan zu haben, das tue jetzt.«

Ein ebenso leuchtendes wie amüsantes Beispiel dafür, wie glücklich ein Leben ohne Reue macht, ist Florence Foster Jenkins. Die Tochter eines New Yorker Industriellen besaß eine große Leidenschaft für klassischen Gesang. Nur war ihre Stimme leider eine Katastrophe. Das hielt sie keineswegs davon ab, mit unerschütterlichem Selbstvertrauen noch im Alter von 74 Jahren sogar in der Carnegie Hall ihre schrägen Arien zu schmettern. Ihre Kritiker entwaffnete sie mit den Worten: »People may say I can't sing, but no one can ever say I didn't.« – »Die Leute behaupten vielleicht, dass ich nicht singen kann, aber niemand kann behaupten, ich hätte es nicht getan.« Dieser Satz ist auch auf ihrem Grabstein zu lesen.

Kosmische Unterstützung?

Was passiert, wenn wir mit Selbstvertrauen Herausforderungen annehmen, lässt sich nicht bis ins Letzte erklären. Es übersteigt teilweise die Psychologie und geht in den Bereich der Metaphysik. Aber es handelt sich um eine Erfahrung, die schon viele Menschen gemacht haben: Sobald wir mit Selbstvertrauen eine Herausforderung annehmen, die unserer Persönlichkeit entspricht, die uns im Leben voranbringt und auch anderen von Nutzen ist, scheint uns eine wohlmeinende Macht Unterstützung zu geben. Natürlich könnten wir einfach von Zufall sprechen, doch meist empfinden wir das Geschehen als magisch. Die unerwartete Hilfe zeigt sich oft in ganz unterschiedlichen Facetten.

Wir bekommen eine Chance

Ursprünglich haben wir gar nicht daran gedacht, uns einer Aufgabe zuzuwenden. Plötzlich tut sich eine Möglichkeit auf. Jetzt müssen wir entscheiden, ob wir sie wahrnehmen wollen – und dazu braucht es Selbstvertrauen. Falls wir es jedoch wagen, kann das unser Leben verändern.

Den Beweis dafür habe ich in meiner eigenen Biografie. Vermutlich würden Sie dieses Buch nicht in den Händen halten, wenn ich damals kein Selbstvertrauen gezeigt hätte: Als Studentin jobbte ich in einem großen Verlag. Unter anderem sollte ich dort für einen Artikel über ein psychologisches Thema recherchieren. Nachdem ich fleißig alles Wissenswerte zusammengetragen hatte, kam mir der Gedanke, dass ich doch selbst darüber schreiben könnte, statt das Material einem Redakteur vorzulegen. Prima Idee. Nur hatte ich bisher keine einzige journalistische Zeile geschrieben.

Außerdem war der Chefredakteur ein Mann mit hohen Ansprüchen. Der hatte sicher gerade auf den Text einer kleinen Psychologiestudentin gewartet! Mein Selbstvertrauen reichte immerhin, um mich mit weichen Knien in die Höhle des Löwen zu wagen, fürchtend, man würde mich für größenwahnsinnig halten. Ich bot dem Chefredakteur an, den Artikel ohne Honorar zu schreiben. Gelänge er, könnte man ihn vielleicht drucken. Wäre er schlecht, dann würde das Manuskript halt im Papierkorb landen. Er dachte kurz nach und sagte: »Na gut, machen Sie mal«, wobei sicher »ohne Honorar« den Ausschlag gab. Der Artikel wurde nicht nur gedruckt, sondern – und darauf war ich mächtig stolz – auch kaum redigiert. Noch heute bin ich der Ansicht: Hätte ich an der Stelle nicht Selbstvertrauen gezeigt, wäre mein Leben anders verlaufen. Das war nämlich der Startschuss für mein Schreiben.

Wir erhalten notwendige Informationen

Voller Selbstvertrauen gehen wir in Vorleistung. Wir wagen es, eine Aufgabe anzunehmen, obwohl wir wissen, dass uns noch Kenntnisse fehlen. Aber wir hoffen darauf, dass wir das Nötige schon lernen werden, weil wir Enthusiasmus für die Sache mitbringen. Und siehe da, aus unerwarteten Quellen fließt uns das Wissen zu, das wir brauchen.

> Die verblüffendste Geschichte dazu habe ich von Lisa, 38, einer angehenden Grundschullehrerin, gehört. Im Hörsaal sitzt sie mit wesentlich jüngeren Kommilitoninnen zusammen, sodass sie manchmal Mühe hat, ihr Selbstvertrauen zu behalten. Aber es ist ihr sehnlicher Wunsch, zu unterrichten. Kürzlich stand eine mündliche Prüfung in Pädagogik an. Der Prüfer war noch anderweitig beschäftigt, sodass sie eine ganze Weile in seiner Bibliothek warten musste. Um sich von ihrer Aufregung abzulenken, zog sie aufs Geratewohl ein pädagogisches Fachbuch aus dem Regal, schlug es

irgendwo auf und las einen Abschnitt. Als der Prüfer sie hereinrief, stellte sie das Werk schnell wieder an seinen Platz. Unglaublich, aber wahr: Die erste Frage bezog sich exakt auf das Thema, dass sie sich einige Minuten zuvor angesehen hatte und von dem sie bisher keine Ahnung hatte. Seitdem glaubt Lisa fest daran, dass es der richtige Weg für sie ist, Lehrerin zu werden – wo sie doch schon so eine magische Unterstützung erhalten hat!

Die Situation gestaltet sich günstig

Wir rechnen realistisch mit schwierigen Bedingungen, lassen uns aber davon nicht abschrecken. Und dann passiert das Erstaunliche: Unerwartet trägt etwas dazu bei, dass es nicht so schlimm kommt und sich das Blatt für uns zum Positiven wendet.

> So hat es Astrid, 33, Biologin, erlebt. Sie ist eine engagierte Wissenschaftlerin, aber Selbstdarstellung ist nicht ihre Sache. Eher neigt sie dazu, ihr Licht unter den Scheffel zu stellen. An ihrem bisherigen Arbeitsplatz schätzte man sie, sie hätte gut dort bleiben können. Doch sie wollte fachlich weiterkommen. Sie bewarb sich auf eine hochkarätige Stelle und wurde zum Bewerbungsgespräch eingeladen. Von Kollegen hatte sie gehört, dass die entsprechende Personalabteilung besonders anspruchsvoll sei. Astrid war furchtbar aufgeregt und musste ihr ganzes Selbstvertrauen aufbringen. Sie saß dem Personalchef und zwei Mitarbeitern gegenüber, die arrogant alles daransetzten, sie mit persönlichen Fragen zu verunsichern. Zufällig war an diesem Tag auch der oberste Chef, ein Schwede, der letztlich die Entscheidung zu treffen hatte, anwesend. Seinetwegen wurde das Gespräch auf Englisch geführt, was Astrid durch ihr Auslandsstudium fließend beherrschte – schon mal ein Pluspunkt. Vor allem aber gefiel dem Schweden Astrids zurückhaltende Art. Er mochte nämlich diese deutschen

Schaumschläger gar nicht, die sich immer so toll darstellten. Astrid bekam den Job.

Natürlich gibt es keine Garantie dafür, dass wir Erfolg haben, wenn wir nur genügend Selbstvertrauen zeigen. Manchmal bleiben trotzdem Türen verschlossen und Wünsche unerfüllt. Nach meiner Erfahrung zeigt sich im Nachhinein allerdings oft, dass das gut war. Statt enttäuscht zu sein oder am Ende gar das Selbstvertrauen zu verlieren, hilft es in dem Fall, sich vorzustellen, besagte Höhere Macht hätte den größeren Überblick und würde uns davor bewahren, einen falschen Weg einzuschlagen oder uns zu früh festzulegen. Eines meiner Lieblingsmotti lautet denn auch: »Wenn nicht das – dann etwas Besseres.« Doch sogar ohne Erfolgserlebnis kann ich Ihnen versprechen: Selbstvertrauen ist immer ein Gewinn. Im Modus des Selbstvertrauens gibt es kein Scheitern – nur einen Lernprozess, der einem zeigt, wovon man lieber die Finger lassen sollte oder was man beim nächsten Mal besser machen kann. Seien wir stolz darauf, es überhaupt versucht zu haben. Vor allem aber gibt es nichts zu bereuen.

Das Geheimnis des Selbstvertrauens

Wenn man sich so intensiv und ausführlich mit dem Thema Selbstvertrauen beschäftigt hat, sollte meinen, man wüsste am Ende, was das ist. Auf der Ebene des Denkens und Handelns ist das auch der Fall, da lässt es sich in seiner Erscheinungsform beschreiben und in gute Ratschläge verpacken. Eine präzise Definition für dieses praktische Selbstvertrauen stammt aus einem Interview mit Julia Riedler, einer jungen Schauspielerin. Sie sprach nicht über Selbstvertrauen, sondern über ihre Freude an der Arbeit. Aber besser kann man meiner Ansicht nach nicht auf den Punkt bringen, was Selbstvertrauen für uns bedeutet: »Wissen, was man will – und es dann wagen.«

Trotzdem bleibt ein Geheimnis. Selbstvertrauen ist weit mehr als nur eine äußerst nützliche Eigenschaft, wenn man seine Ziele erreichen will. Es ist eine spirituelle Kraft. Selbstvertrauen überwindet unsere menschlichen Urängste: zu versagen, von anderen abgelehnt zu werden, von Unbekanntem überfordert zu werden. Das gibt uns die Freiheit, den Weg einzuschlagen, der wirklich zu uns passt, und unsere Bestimmung zu leben. Tatsächlich haben wir dazu bereits alles, was wir brauchen – und da ist noch viel mehr, als uns bewusst ist. In uns ist eine Fülle von Wissen, Kreativität, Liebe, Schönheit und Strahlen. Die haben wir längst noch nicht ausgeschöpft. Grund genug, viel mehr Selbstvertrauen zu entwickeln und endlich zu zeigen, wie großartig wir sind.

Danksagung

Besonders danken möchte ich Sofie Raff, Lektorin im Kreuz Verlag. Ohne sie gäbe es dieses Buch nämlich nicht. Nachdem ich in »Tango vitale« über das Schicksal geschrieben hatte, dachte ich: Mehr geht nicht. Und dann überzeugte mich Frau Raff so liebenswürdig und mit dem großzügigen Angebot, dass ich mir das Thema aussuchen dürfte. Und tatsächlich, mir lag noch etwas sehr am Herzen: mehr Selbstvertrauen für uns Frauen. Danke, liebe Frau Raff, dass Sie es hervorgelockt haben. Und danke für Ihre kompetente Begleitung und Begeisterung!

Quellen und Literatur

Gerald Hüther: Was wir sind und was wir sein könnten. Ein neurobiologischer Mutmacher. S. Fischer Verlag, Frankfurt a. M. 2013 S. 42

Louis Cozolino: Die Neurobiologie menschlicher Beziehungen. VAK Verlag, Kirchzarten 2007

Wolfgang Joop mit Rebecca Casati: Undressed. Aus einem Leben mit mir. Hoffmann und Campe, Hamburg 2013, S. 39

Wolfgang Herrndorf: Tschick. Rowohlt, Berlin 2010, S. 60

Pam Grout: E2. Wie Ihre Gedanken die Welt verändern. Allegria, Berlin 2013, S. 42

Kristin Neff: Selbstmitgefühl. Wie wir uns mit unseren Schwächen versöhnen und uns selbst der beste Freund werden. Kailash Verlag, München 2012, S. 110

Peter Modler: Das Arroganzprinzip. So haben Frauen mehr Erfolg im Beruf. Krüger Verlag, Frankfurt a. M. 2009, S. 12

Marion Knaths: Spiele mit der Macht: Wie Frauen sich durchsetzen. Piper Verlag, München 2009

Jens Weidner: Hart, aber unfair. Campus Verlag, Frankfurt a. M. 2013, S. 16f.

Gerald M. Weinberg: Weinbergs Werkzeugkasten für Berater. Redline Wirtschaft, Frankfurt a. M. 2004, S. 90ff.

Heidi Klum mit Alexandra Postman: Heidi Klum. Natürlich erfolgreich. S. Fischer Verlag, Frankfurt a. M. 2005, S. 25

Dorothea Assig, Dorothee Echter: Ambition. Wie große Karrieren gelingen. Campus Verlag, Frankfurt a. M. 2012, S. 160

Phyllis Mindell: Starke Frauen sagen, was sie wollen. Sphinx Verlag, München 2000, S. 104

Barbara L. Fredrickson: Die Macht der Liebe. Ein neuer Blick auf das größte Gefühl. Campus Verlag, Frankfurt a. M. 2014, S. 181

Phil Stutz, Barry Michels: The Tools. Arkana, München 2012, S. 204

Napoleon Hill: Denke nach und werde reich. Ariston Verlag, Genf 1983, S. 212ff.

Kein Zauberstab, aber äußerst wirksam

Das innovative Online-Coaching für Frauen

Speziell für Frauen hat Dr. Eva Wlodarek im Internet das MagicMe-Coaching entwickelt. Für alle diejenigen, die individuell noch weiter an ihrem beruflichen Erfolg und privatem Glück arbeiten möchten.

Zu Beginn ermitteln drei Online-Tests Stärken und Potenziale in den Bereichen Denken, Handeln und Auftreten.

Auf der Basis der Ergebnisse wird das persönliche MagicMe-Coachingprogramm in PDF-Dateien zusammengestellt. Es enthält Selbstanalysen, konkrete Anleitungen und praktische Übungen.

Das MagicMe-Coaching kann jede Frau in ihrem Tempo zur gewünschten Zeit durchführen und nach Belieben wiederholen.

Informationen und Anmeldung :
        www.magicme-coaching.de